전 과목 학습 능력 향상

초등학교 국어/사회/도덕/과학/실과/예체능 교과서를 분석하여 뽑아낸 주제로 지문을 구성하여 전 과목 학습 능력도 자연스럽게 향상됩니다.

6개 독해 기술 제시

꼭 알아야 할 6개의 독해 기술을 익히고 반복하다 보면 모든 지문을 빠르게 읽고 쉽게 이해하는 독해력이 자연스럽게 길러집니다.

독해력 자신감이 꼭 필요한 이유

다양한 주제와 폭넓은 배경지식

문학(시, 이야기)과 비문학(인문, 사회, 과학, 기술, 예술) 영역에서 다양한 주제를 선정하여 폭넓은 배경지식을 쌓는 데 도움이 됩니다.

'듣는 지문' 서비스 제공

아나운서의 정확한 발음과 성우의 다채로운 표현으로 독해력을 향상시켜 주는 지문듣기 서비스를 제공합니다.

◇ 독해 일지 ◇

독해 기술

1회	월	일	2회	월	일	3회	월	일	4회	월	일	5회	월	일	6회	월	일
맞은 개수		개	맞은 개수		개	맞은 개수		개	맞은 개수		개	맞은 개수		개	맞은 개수		개
스티커			스티커			스티커			스티커			스티커			스티커		

독해 적용

1회	월	일	2회	월	일	3회	월	일	4회	월	일	5회	월	일	6회	월	일
맞은 개수		개	맞은 개수		개	맞은 개수		개	맞은 개수		개	맞은 개수		개	맞은 개수		개
스티커			스티커			스티커			스티커			스티커			스티커		

7회	월	일	8회	월	일	9회	월	일	10회	월	일	11회	월	일	12회	월	일
맞은 개수		개	맞은 개수		개	맞은 개수		개	맞은 개수		개	맞은 개수		개	맞은 개수		개
스티커			스티커			스티커			스티커			스티커			스티커		

13회	월	일	14회	월	일	15회	월	일	16회	월	일	17회	월	일	18회	월	일
맞은 개수		개	맞은 개수		개	맞은 개수		개	맞은 개수		개	맞은 개수		개	맞은 개수		개
스티커			스티커			스티커			스티커			스티커			스티커		

19회	월	일	20회	월	일	21회	월	일	22회	월	일	23회	월	일	24회	월	일
맞은 개수		개	맞은 개수		개	맞은 개수		개	맞은 개수		개	맞은 개수		개	맞은 개수		개
스티커			스티커			스티커			스티커			스티커			스티커		

25회	월	일	26회	월	일	27회	월	일	28회	월	일	29회	월	일	30회	월	일
맞은 개수		개	맞은 개수		개	맞은 개수		개	맞은 개수		개	맞은 개수		개	맞은 개수		개
스티커			스티커			스티커			스티커			스티커			스티커		

독해력 자신감

초등 국어

3 단계

학습 능력을 키우는 친절한 독해 훈련서
독해 **기술** + 독해 **적용**

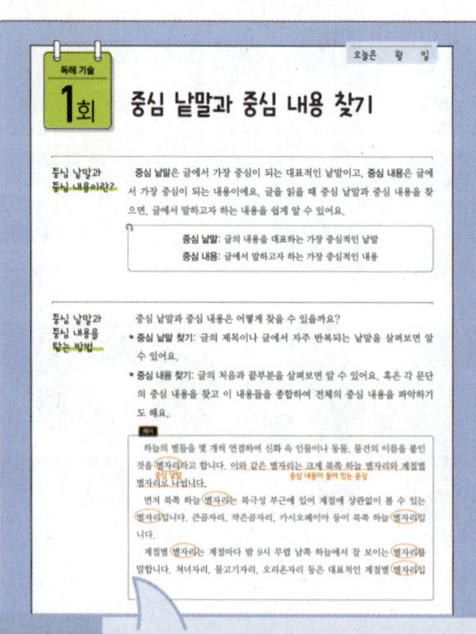

3 독해가 쉬워지는 낱말

· 지문을 읽기 전에 핵심 낱말을 먼저 공부하면 내용을 좀 더 쉽게 이해할 수 있어요.

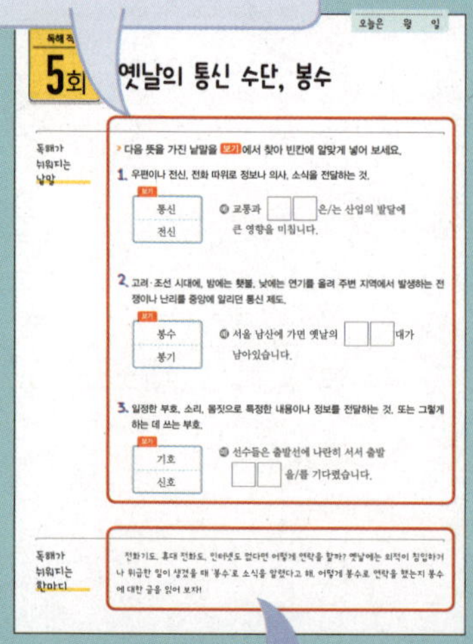

1 독해 기술

· 교과 과정을 분석하여 뽑아낸 독해 기술을 익히며 기본을 다져요.

· 독해 원리를 예로 들어 가며 알기 쉽게 설명했어요.

4 독해가 쉬워지는 한마디

· 지문과 관련된 배경지식을 통해 글을 읽을 때 주의할 점을 알아보아요.

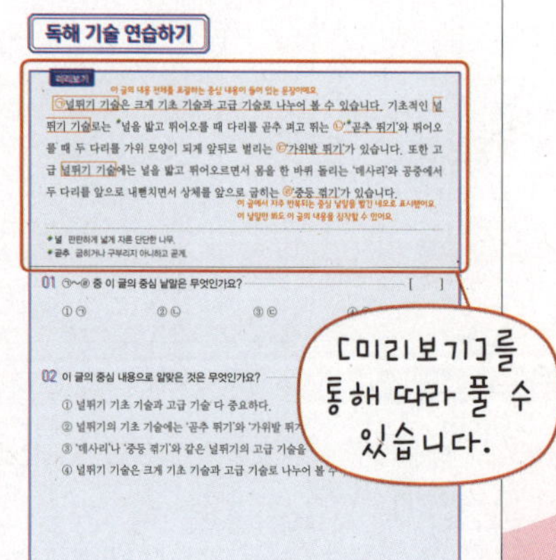

2 독해 기술 연습하기

· 독해 기술이 어떻게 적용되는지 '미리보기'를 통해 확인해 보세요.

· 독해 기술을 익히며 연습 문제를 풀어 보세요.

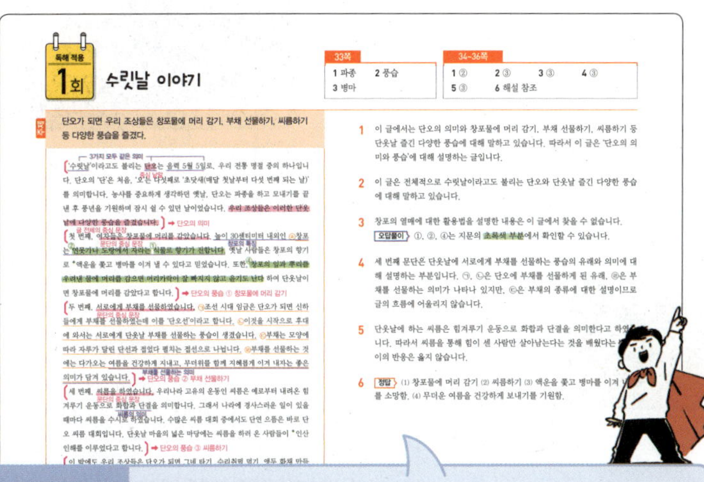

7 정답과 해설

· 글의 주제, 중심 낱말, 중심 문장, 문단별 요약, 보충 내용 등 지문을 이해하기 쉽도록 완벽하게 분석했어요.

· 문제를 자세하게 풀이하고, 틀리기 쉬운 문제에 '오답풀이'를 제공했어요.

5 독해 완성하기 (지문)

· 초등 전 과목에서 뽑아낸 주제로 구성했어요.

· 문학, 비문학(사회, 과학, 예술 등) 작품을 골고루 담았어요.

· 설명문, 논설문, 기행문, 보고서, 기사문, 안내문, 전기문 등 다양한 문종으로 구성했어요.

6 독해 완성하기 (문제)

· 단계별로 문제를 선별하여 제공했어요.

· 6개 독해 기술을 적용하여 풀어 보세요.

· 짜임에 따라 중심 내용을 요약해 보세요.

✦ 독해력 자신감 ✦ 차례

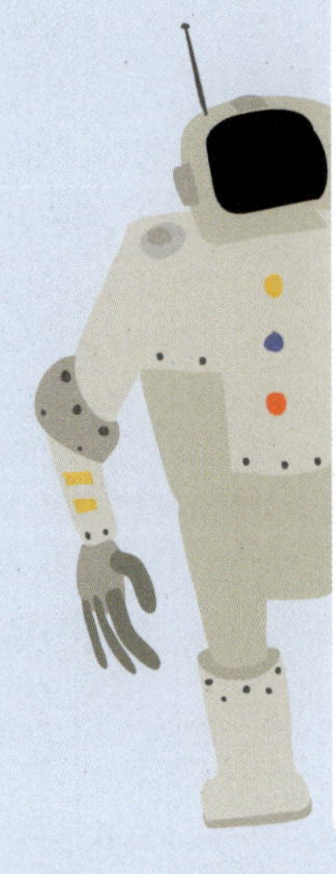

독해 기술

: 기본 다지기

독해 기술

1회 중심 낱말과 중심 내용 찾기

중심 낱말과 중심 내용이란?

중심 낱말은 글에서 가장 중심이 되는 대표적인 낱말이고, **중심 내용**은 글에서 가장 중심이 되는 내용이에요. 글을 읽을 때 중심 낱말과 중심 내용을 찾으면, 글에서 말하고자 하는 내용을 쉽게 알 수 있어요.

> **중심 낱말**: 글의 내용을 대표하는 가장 중심적인 낱말
> **중심 내용**: 글에서 말하고자 하는 가장 중심적인 내용

중심 낱말과 중심 내용을 찾는 방법

중심 낱말과 중심 내용은 어떻게 찾을 수 있을까요?

- **중심 낱말 찾기**: 글의 제목이나 글에서 자주 반복되는 낱말을 살펴보면 알 수 있어요.
- **중심 내용 찾기**: 글의 처음과 끝부분을 살펴보면 알 수 있어요. 혹은 각 문단의 중심 내용을 찾고 이 내용들을 종합하여 전체의 중심 내용을 파악하기도 해요.

예시

하늘의 별들을 몇 개씩 연결하여 신화 속 인물이나 동물, 물건의 이름을 붙인 것을 별자리라고 합니다. 이와 같은 별자리는 크게 북쪽 하늘 별자리와 계절별 별자리로 나뉩니다.

먼저 북쪽 하늘 별자리는 북극성 부근에 있어 계절에 상관없이 볼 수 있는 별자리입니다. 큰곰자리, 작은곰자리, 카시오페이아 등이 북쪽 하늘 별자리입니다.

계절별 별자리는 계절마다 밤 9시 무렵 남쪽 하늘에서 잘 보이는 별자리를 말합니다. 처녀자리, 물고기자리, 오리온자리 등은 대표적인 계절별 별자리입니다.

독해 기술 연습하기

이 글의 내용 전체를 포괄하는 중심 내용이 들어 있는 문장이에요.

㉠널뛰기 기술은 크게 기초 기술과 고급 기술로 나누어 볼 수 있습니다. 기초적인 널뛰기 기술로는 ◆널을 밟고 뛰어오를 때 다리를 곧추 펴고 뛰는 ㉡'◆곧추 뛰기'와 뛰어오를 때 두 다리를 가위 모양이 되게 앞뒤로 벌리는 ㉢'가위발 뛰기'가 있습니다. 또한, 고급 널뛰기 기술에는 널을 밟고 뛰어오르면서 몸을 한 바퀴 돌리는 '데사리'와 공중에서 두 다리를 앞으로 내뻗치면서 상체를 앞으로 굽히는 ㉣'중등 꺾기'가 있습니다.

이 글에서 자주 반복되는 중심 낱말을 빨간 네모로 표시했어요.
이 낱말만 봐도 이 글의 내용을 짐작할 수 있어요.

◆ **널** 판판하게 넓게 자른 단단한 나무.
◆ **곧추** 굽히거나 구부리지 아니하고 곧게.

---

01 ㉠~㉣ 중 이 글의 중심 낱말은 무엇인가요? ·························· [　　]

① ㉠　　　　　② ㉡　　　　　③ ㉢　　　　　④ ㉣

02 이 글의 중심 내용으로 알맞은 것은 무엇인가요? ·························· [　　]

① 널뛰기 기초 기술과 고급 기술 다 중요하다.
② 널뛰기의 기초 기술에는 '곧추 뛰기'와 '가위발 뛰기'가 있다.
③ '데사리'나 '중등 꺾기'와 같은 널뛰기의 고급 기술을 익혀야 한다.
④ 널뛰기 기술은 크게 기초 기술과 고급 기술로 나누어 볼 수 있다.

정답 01 ①　02 ④

풀이 01-02 이 글은 널뛰기 기술을 크게 두 가지(기초 기술, 고급 기술)로 나누어 설명하고 있습니다. 따라서 이 글의 중심 낱말은 ㉠ '널뛰기 기술'이며, 중심 내용은 ④ '널뛰기 기술은 크게 기초 기술과 고급 기술로 나누어 볼 수 있다.'입니다.

여러분은 ㉠'크리스마스' 하면 가장 먼저 무엇이 떠오르나요? 크리스마스 트리와 선물, 캐럴과 예쁜 조명 등 떠오르는 것이 많습니다. 그중 저는 '크리스마스' 하면 ㉡산타클로스가 가장 먼저 떠오릅니다. 이 산타클로스는 어떻게 생겨나게 된 것일까요?

산타클로스는 기원후 4세기, 오늘날 터키의 ♦항구 도시였던 파타라에서 태어난 성 니콜라스라는 ♦성직자의 이야기에서 유래한 것입니다. 성 니콜라스는 평소 온화하고 자비로운 성격으로 아이들을 좋아해 크리스마스 때마다 어린이들을 위해 남몰래 선물을 나누어 주고 선행을 베풀었습니다. 그는 생전에 아이들에게 많은 ㉢♦자선 행위를 하였는데 천주교에서는 이런 성 니콜라스를 ㉣♦성인으로 생각했답니다. 사람들이 성 니콜라스를 '산테 클라스'라고 부르기 시작하며 그는 '자선을 베푸는 사람'으로 알려지게 되었습니다.

오늘날 많은 국가에서는 성 니콜라스를 미국식 발음인 "산타클로스"로 부르게 되었으며, 이후 성 니콜라스의 이야기는 전 세계에 퍼지게 되었답니다.

♦ **항구 도시** 배가 들어왔다 나갔다 하는 항구가 있는 바닷가 도시.
♦ **성직자** 종교적인 역할을 맡은 사람. 신부, 목사, 스님 등.
♦ **자선** 남을 불쌍히 여겨 도와줌.
♦ **성인** 지혜와 덕이 매우 뛰어나 길이 우러러 본받을 만한 사람.

01 ㉠~㉣ 중 이 글에서 가장 중심이 되는 낱말은 무엇인가요? ————— [   ]

① ㉠　　　　② ㉡　　　　③ ㉢　　　　④ ㉣

02 이 글의 중심 내용은 무엇인가요? ————————————— [   ]

① 크리스마스에는 산타클로스의 선물이 가장 먼저 떠오른다.
② 산타클로스는 성 니콜라스의 선행으로부터 유래되었다.
③ 성 니콜라스는 자비로운 성격으로 선행을 많이 하였다.
④ 산테 클라스가 미국식 발음으로 알려지면서 산타클로스가 되었다.

　‘백일잔치’는 아이가 태어난 지 백 일째 되는 날 여는 잔치를 말합니다. 백일 잔칫날에 부모는 아이를 위해 백일상을 차리는데, 이 백일상에는 일반적으로 백설기, 인절미, 수수팥떡과 같은 백일 떡이 올라갑니다. 백일상에 올리는 백일 떡에는 어떤 의미가 담겨 있을까요?

　먼저 멥쌀가루를 하얗게 쪄낸 백설기는 아이의 머리가 흰머리가 될 때까지 ◆장수하라는 의미를 담고 있습니다. 또한, 하얀색 백설기처럼 아이가 순수하고 깨끗하게 자라기를 바라는 의미가 담겨 있습니다.

　찹쌀을 빻아 만든 인절미는 아이가 단단하고 건강하게 자라기를 바라는 마음이 담겨 있습니다. 인절미가 다른 떡에 비해 ◆찰지고 단단하기 때문입니다.

　수수 반죽에 팥고물을 묻힌 수수팥떡은 아이에게 다가올 좋지 않은 기운을 미리 막는 의미가 있습니다. 예로부터 우리 민족은 붉은 팥을 좋지 않은 기운을 쫓는 작물로 여겼기 때문에 오늘날에도 팥고물을 묻힌 수수팥떡을 백일상에 올립니다.

　이처럼 백일상에 오르는 백일 떡은 세상에 태어난 지 얼마 되지 않은 아기의 건강과 성장, 좋은 기운을 바라는 의미를 담고 있습니다.

◆ **장수** 오래도록 사는 것.
◆ **찰지다** 밥이나 떡이 끈적거리며 빈틈이 없이 끈기가 있음.

03 이 글의 중심 낱말과 중심 내용을 바르게 연결한 것은 무엇인가요? ┄┄┄┄┄┄ [　　]

　　중심 낱말　　　　　　중심 내용

① 백일상 – 백일상에는 다양한 백일 떡이 올라간다.

② 백일상 – 백일잔치에는 다양한 백일 떡을 올리는 백일상이 차려진다.

③ 백일 떡 – 대표적인 백일 떡에는 백설기, 인절미, 수수팥떡이 있다.

④ 백일 떡 – 백일 떡은 아이의 건강과 성장, 좋은 기운을 바라는 의미를 담고 있다.

04 이 글의 내용으로 알맞지 <u>않은</u> 것은 무엇인가요? ┄┄┄┄┄┄ [　　]

① 백설기는 아기의 장수를 기원하는 의미가 있다.

② 찹쌀로 만든 인절미는 찰지고 단단한 떡이다.

③ 수수팥떡은 순수하고 깨끗하게 자라라는 의미를 담고 있다.

④ 예로부터 붉은 팥은 좋지 않은 기운을 막는다고 여겨졌다.

2회 중심 문장과 뒷받침 문장 찾기

중심 문장과 뒷받침 문장이란?

　중심 문장은 글에서 가장 핵심적인 내용이 들어 있는 문장이에요. **뒷받침 문장**은 중심 문장을 설명해 주는 문장이에요. 뒷받침 문장은 중심 문장을 잘 뒷받침하기 위해 예를 들거나 덧붙여 설명하는 역할을 해요.

> **중심 문장**: 글에서 말하고자 하는 중심 내용이 들어 있는 문장
>
> **뒷받침 문장**: 중심 문장을 설명하는 문장

중심 문장과 뒷받침 문장 파악하는 방법

　중심 문장과 뒷받침 문장은 어떻게 파악할 수 있을까요?

- **중심 문장 찾기**: 중심 문장을 찾을 때에는 글의 처음과 끝부분을 중심으로 살펴보면 됩니다. 중심 낱말과 관련되어 정보를 전달하는 문장이나 혹은 말하고자 하는 글쓴이의 주장이 담긴 문장을 찾으면 되지요.
- **뒷받침 문장 찾기**: 중심 문장 앞뒤에 까닭이나 근거가 되는 문장을 찾거나 혹은 예를 들어 덧붙여 설명하는 문장을 살펴보면 뒷받침 문장을 찾을 수 있어요.

예시

> 　독도는 우리의 소중한 섬입니다. 독도는 가장 오래된 화산섬이기 때문에 ♦지질 연구의 대상으로서 그 가치가 매우 높습니다. 또한 독도 주변의 바닷속에는 해양 자원이 많습니다.
>
> (중심 문장) (독도가 소중한 섬이라는 근거가 되는 뒷받침 문장①)
>
> (독도가 소중한 섬이라는 근거가 되는 뒷받침 문장②)
>
> ◆ **지질** 땅을 이루는 암석의 모습이나 역사를 함께 이르는 말.

독해 기술 연습하기

㉠올바른 칫솔질은 치아 건강을 위해 매우 중요합니다. ㉡올바른 칫솔질은 치아 표면에 달라붙어 있는 플라그를 제거해 줍니다. ㉢플라그는 치아에 달라붙어 치아를 썩게 하는 세균 덩어리입니다. ㉣플라그를 제거하지 않으면 충치뿐만 아니라 잇몸 질환이 생길 수 있습니다.

문단의 중심 문장은 보통 문단의 처음이나 마지막에 위치해요.
이 글에서는 중심 문장이 제일 처음에 있는 것을 볼 수 있어요.

◆ **충치** 세균의 영향으로 치아가 구멍이 나거나 통증을 일으키는 병.

● ㉠~㉣ 중 중심 문장과 뒷받침 문장을 바르게 연결한 것은 무엇인가요? [　]

중심 문장	뒷받침 문장		중심 문장	뒷받침 문장
① ㉠	– ㉡, ㉢, ㉣	② ㉠, ㉡	– ㉢, ㉣
③ ㉠, ㉢	– ㉡, ㉣	④ ㉠, ㉣	– ㉡, ㉢

정답 ①

풀이 이 글은 올바른 칫솔질이 치아 건강에 중요하다는 중심 내용을 전달하기 위한 글로 ㉠이 중심 문장입니다. ㉡~㉣은 올바른 칫솔질이 중요한 까닭을 설명해 주는 뒷받침 문장입니다.

㉠빨간색은 열정적인 느낌을 주는 색입니다. 그래서 빨간색은 음식점의 간판, 조명 등에 활용되어 사람들의 ◆식욕을 돋우거나 활동적인 분야에 많이 쓰입니다. ㉡파란색은 마치 바다가 연상되는 시원한 느낌을 줍니다. 그래서 주로 여름용 옷과 같은 여름 상품에 많이 쓰입니다. ㉢검은색은 ◆차분하고 고급스러운 느낌을 주는 색입니다. 그래서 자동차나 시계 등 ◆고가의 상품에 많이 쓰입니다. ㉣이렇듯, 색은 저마다 갖는 느낌이 있어 그 색의 느낌에 맞는 분야나 상품에 많이 활용됩니다.

◆ **식욕** 음식을 먹고 싶은 욕심.　　◆ **차분** 마음이 가라앉아 조용하고 편함.

◆ **고가** 비싼 가격.

01 ㉠~㉣ 중 이 글의 중심 문장은 무엇인가요? [　]

① ㉠　　　　② ㉡　　　　③ ㉢　　　　④ ㉣

　　스쿨존은 유치원이나 초등학교 주변에 설치한 어린이보호구역으로, 학교 정문에서 300미터 이내의 도로를 말합니다. ㉠스쿨존에는 안전 표지판과 도로 [◆]반사경, 과속 방지 [◆]턱 등 여러 가지 안전장치들이 설치되어 있습니다. 또한, 자동차는 스쿨존 안에서 주차나 [◆]정차를 할 수 없고, 시속 30킬로미터 이하로 천천히 달려야 합니다. 이 같은 스쿨존은 왜 필요한 것일까요?

　　㉡어린이들은 몸집이 작아서 운전자의 눈에 잘 띄지 않기 때문입니다. 또한, 어린이는 주위를 잘 둘러보지 않고 급하게 행동할 수 있기 때문에 사고를 당할 위험이 큽니다. ㉢실제로 어린이들이 많이 오고 가는 학교 근처에서 어린이들의 교통사고가 자주 일어납니다. 그래서 ㉣스쿨존은 어린이들의 교통사고를 막고 어린이들이 안전하게 학교를 오고 갈 수 있게 하기 위해 필요한 것입니다.

◆ **반사경** 빛을 되비추어서 상을 맺게 하기 위하여 쓰는 거울. 반사 거울.

◆ **턱** 평평한 곳의 어느 한 부분이 갑자기 조금 높이 된 자리.

◆ **정차** 차를 멈춤.

---

02 ㉠~㉣ 중 이 글의 중심 문장은 무엇인가요? [　　]

① ㉠　　　　　② ㉡　　　　　③ ㉢　　　　　④ ㉣

03 이 글을 읽고 올바르게 말한 친구는 누구인가요? [　　]

① 재현: 스쿨존은 우리에게 필요 없는 것 같아.

② 용준: 스쿨존은 경찰이 지키고 있는 곳을 말해.

③ 태민: 스쿨존은 우리의 교통사고를 막아 주는 곳이야.

④ 지원: 스쿨존은 자동차가 지나갈 수 없게 하는 곳이야.

　　교실은 여러 친구가 함께 공부하는 곳입니다. 그래서 ㉠교실에서 뛰어다니면 다른 친구들에게 피해가 될 수 있습니다.

　　또한, ㉡교실은 마음껏 뛰어놀기에 안전하지 않은 공간입니다. 왜냐하면 교실은 운동장처럼 넓지 않은 공간에 책상과 의자들이 오밀조밀 모여 있기 때문입니다. 이러한 교실에서 뛰어다니다 책상 모서리나 의자에 부딪혀 다치기라도 한다면, 아주 큰 사고로 이어질 수도 있습니다.

　　㉢교실은 비교적 ◆사방이 막혀 있는 공간이므로 교실에서 뛰어다니게 되면, 바닥에 있던 먼지가 많이 날립니다. 교실의 창문을 열어 ◆환기를 시키더라도 먼지가 날려 나와 내 친구들의 입과 코로 들어가기 때문에 건강에 좋지 않습니다.

　　교실은 나와 내 친구들이 함께 생활하는 곳이므로 내가 뛰어다니면 친구들에게 피해가 갑니다. 또한, 교실에서 뛰어다니면 자칫 다칠 수 있고, 나와 내 친구의 건강을 해치는 일이 될 수 있습니다. ㉣따라서 교실에서는 뛰어다니지 말아야 합니다.

◆ **사방** 동, 서, 남, 북 네 방위를 통틀어 이르는 말. 여러 곳.
◆ **환기** 탁한 공기를 맑은 공기로 바꿈.

04　㉠~㉣을 중심 문장과 뒷받침 문장으로 구분하여 기호를 써 보세요.

중심 문장	뒷받침 문장
(1)	(2)

05　이 글을 읽고 난 후 친구의 반응으로 적절하지 <u>않은</u> 것은 무엇인가요? ────── [　　　]

① 재현: 교실은 함께 공부하는 공간인 만큼 뛰어다니면 안 되는구나.

② 용준: 교실에서 뛰어다니면 다른 친구에게 피해가 될 수 있겠구나.

③ 태민: 교실에서 뛰어다니면 책상 모서리에 부딪혀 다칠 수도 있겠구나.

④ 지원: 교실 창문을 열어 환기를 한다면 교실에서 뛰어다녀도 되겠구나.

원인과 결과 파악하기

원인과 결과란?

　원인은 어떤 사물이나 상태를 변화시키는 일이고, **결과**는 그 원인 때문에 생기는 일이에요. 글에는 원인과 결과가 드러난 문장이 있어요. 원인과 결과를 파악하며 글을 읽으면, 글에 나타난 문제 상황과 그 해결 방법을 찾을 수 있어요.

> **원인**: 어떤 사물이나 상태를 변화시키는 일
>
> **결과**: 어떤 원인으로 인해 생긴 일

원인과 결과를 파악하는 방법

　원인은 글을 읽을 때, '왜?'라는 물음을 던지며 읽으면 파악할 수 있고, 결과는 '그래서?'라는 물음을 던지며 읽으면 파악할 수 있어요.

예시

　나는 어제 늦게까지 컴퓨터 게임을 하였다. 그래서 오늘 수업 시간에 그만 졸고 말았다.

원인과 결과를 이어 줘요.

원인(왜?)		결과(그래서?)
어제 늦게까지 컴퓨터 게임을 함.	→	오늘 수업 시간에 졸았음.

　진수는 오늘 축구를 하지 못한다. 왜냐하면 어제 다리를 다쳤기 때문이다.

원인과 결과를 이어 줘요.

원인(왜?)		결과(그래서?)
어제 다리를 다침.	→	오늘 축구를 하지 못함.

잠깐! 원인과 결과를 이어 주는 말

　'왜냐하면, 그래서, 따라서, 그러므로' 등은 원인과 결과를 이어 주는 말이에요.

독해 기술 연습하기

  벌 중에는 꼬리에 있는 침으로 사람을 쏘는 말벌이 있습니다. 일반적으로 벌들은 사람이 공격하기 전까지 먼저 사람을 쏘지는 않지만, 말벌은 사람의 움직임을 느끼기만 해도 침으로 사람을 쏩니다. 말벌의 침에는 강한 독성 물질이 있습니다. 그렇기 때문에, 말벌에 쏘이면 쏘인 부분이 크게 부풀어 오르는 증상이 나타납니다.

이어 주는 말을 기준으로 앞뒤의 문장을 잘 살펴보면 원인과 결과를 알 수 있어요.

● 다음은 이 글에 나타난 원인과 결과를 정리한 표입니다. 빈칸에 알맞은 낱말을 써 보세요.

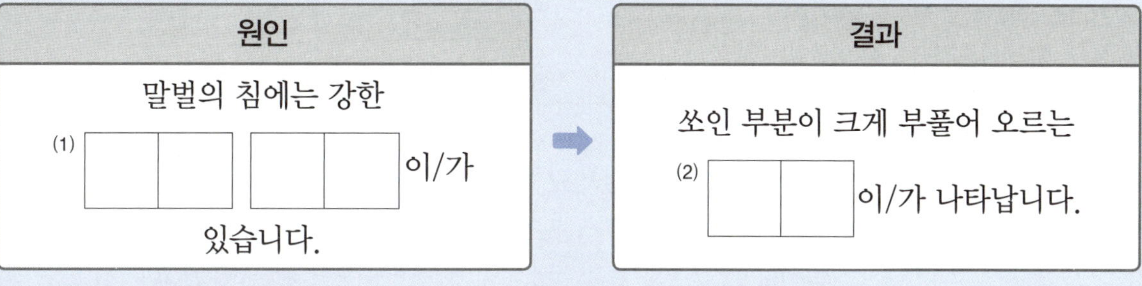

정답 (1) 독성 물질 (2) 증상

풀이 '그렇기 때문에'의 앞에 있는 문장이 원인이고, 뒤에 있는 문장이 결과입니다. 즉, 말벌의 침에는 강한 독성 물질이 있기 때문에(원인) 쏘인 부분이 크게 부풀어 오르는 증상이 나타납니다(결과).

  사람들의 생김새는 저마다 다릅니다. 같은 부모로부터 태어난 형제나 자매, 심지어 쌍둥이도 자세히 보면 서로 얼굴 모양이 다릅니다. 이렇게 사람마다 생김새가 다른 까닭은 무엇일까요? 그것은 바로 사람의 생김새를 결정하는 DNA가 사람마다 다르기 때문입니다.

01 다음은 이 글에 나타난 원인과 결과를 정리한 표입니다. 빈칸에 알맞은 낱말을 써 보세요.

원인	결과
사람의 생김새를 결정하는 (1) ☐☐☐ 이/가 사람마다 다릅니다.	사람들의 생김새는 저마다 (2) ☐☐☐☐.

㉠두근거림의 원인은 마음에서 비롯된 정신적 원인과 몸에서 비롯된 신체적 원인으로 구분할 수 있습니다. 가장 흔한 정신적 원인은 ㉡불안 장애입니다. 불안 장애로 인해 두려움을 느끼고, 심한 경우에는 잠시 의식을 잃거나 쓰러지기도 합니다. 크게 화가 나거나 흥분하게 되어 ㉢스트레스가 심해진 경우에도 두근거림이 생길 수 있습니다.

두근거림의 대표적인 신체적 원인은 ㉣심장 박동의 ◆이상입니다. 심장 박동이 정상적이지 않으면 갑자기 나도 모르게 심장이 빨리 뛰는 느낌, 가슴이 벌렁거리는 느낌, 목 안에 나비가 펄럭거리는 느낌 등을 느끼며 두근거림을 경험합니다. 이처럼 심장 박동에 이상이 생기면, ◆현기증이 자주 나거나 ◆실신하기도 합니다.

◆ **이상** 정상적인 상태와 다름.
◆ **현기증** 어지러운 기운이 나는 증세.
◆ **실신** 병이나 충격으로 정신을 잃는 것.

02 ㉠~㉣을 원인과 결과로 구분하여 써 보세요.

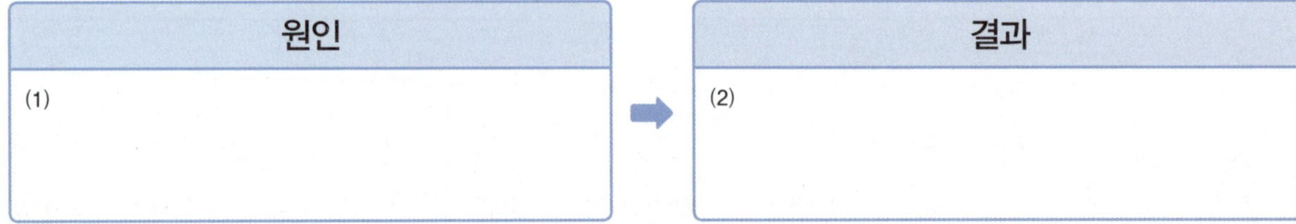

원인	결과
(1)	(2)

03 이 글의 내용으로 알맞지 <u>않은</u> 것은 무엇인가요? —————————— [   ]

① 두근거림의 원인에는 정신적 원인과 신체적 원인이 있다.
② 불안 장애는 두근거림이 생기는 가장 흔한 신체적 원인이다.
③ 스트레스가 심한 경우에도 두근거림의 정신적 원인이 될 수 있다.
④ 심장 박동에 이상이 생기면 현기증이 날 수 있다.

감기는 기온 차가 많이 나는 환절기에 쉽게 생길 수 있는 호흡기 질환입니다. 감기를 ◆예방하기 위해서는 ◆청결에 신경을 쓰는 것도 좋지만, 감기에 좋은 식품을 섭취하는 것도 중요합니다. 감기에 좋은 식품을 함께 알아봅시다.

㉠감기에 좋은 대표적인 식품으로는 귤, 오렌지, 레몬과 같은 과일이 있습니다. ㉡이 과일에는 비타민 C 영양소가 많이 들어 있습니다. ㉢비타민 C는 우리 몸이 각종 세균에 ◆감염되지 않도록 해 주는 일종의 방어막을 만들어 주기 때문에, ㉣비타민 C가 든 과일 을 섭취하면 감기 예방에 도움이 됩니다.

또한, 마늘은 대표적인 감기를 예방해 주는 식품입니다. 마늘에 들어 있어 매운맛을 내는 알리신이라는 영양소는 감기에 걸리게 하는 각종 세균을 막고, 몸의 면역력을 높여 줍니다.

㉤이와 같은 식품은 감기 예방에 좋으므로, 평소에 충분하게 섭취하여 환절기 감기를 예방합시다.

◆ **예방** 미리 막음.
◆ **청결** 맑고 깨끗함.
◆ **감염** 세균 등이 몸 안에 들어오게 되는 것.

04 ㉠~㉣을 원인과 결과로 알맞게 짝지은 것은 무엇인가요? ⸺⸺⸺⸺⸺⸺⸺⸺ [   ]

원인   결과

① ㉠   –   ㉡

② ㉡   –   ㉢

③ ㉡   –   ㉣

④ ㉢   –   ㉣

05 ㉤과 같이 말한 까닭은 무엇인가요? ⸺⸺⸺⸺⸺⸺⸺⸺⸺⸺⸺ [   ]

① '이와 같은 식품'이 약보다 감기에 더 좋다고 해서

② '이와 같은 식품'을 섭취하는 것이 청결을 유지하는 것보다 더 중요해서

③ '이와 같은 식품'에 감기를 예방하는 영양소가 들어 있어서

④ '이와 같은 식품'에 감기를 낫게 해 주는 물질이 있어서

독해 기술

4회 사실과 의견 구별하기

사실과 의견이란?

    사실은 실제로 있었던 일이나 현재에 있는 일이고, **의견**은 그 일에 대한 생각이나 느낌이에요. 글에는 보통 어떤 사실이나 그 사실에 관한 의견이 담겨 있어요.

> **사실**: 실제로 있었던 일이나 현재에 있는 일
>
> **의견**: 사실에 대한 생각이나 느낌

사실과 의견을 구별하는 방법

    글을 읽을 때 어떤 점이 사실이고 의견인지 구별하며 읽을 수 있어야 해요. 그렇다면, 어떻게 구별할 수 있는지 알아보아요.

- **사실 찾기**: 직접 겪은 일이나 실제로 있었던 일을 있는 그대로 표현한 문장을 찾아요.
- **의견 찾기**: 자신만의 생각과 판단, 느낌을 표현한 문장을 찾아요.

> **예시**
>
>   쓰레기를 처리하는 방법은 재활용하는 법, 태우는 법이 있습니다. 그중 쓰레기를 태우는 법은 돈도 많이 들고 공기를 오염시킵니다. 그러므로 쓰레기를 태우는 방법은 좋은 방법이 아니라고 생각합니다. 우리는 쓰레기를 재활용 처리해야 합니다.

    위의 예시처럼 사실은 '~은/는 ~입니다.', '~이/가 ~을/를 했습니다.' 등의 문장으로, 의견은 '~해야 합니다.', '~라고 생각합니다.' 등의 문장으로 나타내요.

미리보기

㉠우리나라에서는 성범죄를 저지른 범죄자의 경우, 법원의 판결에 따라 성범죄자의 신상을 공개하고 있어요. ㉡성범죄자의 신상 공개 범위는 이름, 나이, 주소 및 실제 사는 곳, 키와 몸무게, 사진 등이에요. ㉢국가는 각 지역의 유치원, 학교 등 아동과 청소년이 주로 생활하는 곳에 범죄자의 사진과 정보가 담긴 자료를 보내고, '성범죄자 알림e' 서비스를 통해 성인의 경우 누구나 성범죄자의 신상을 ◆열람할 수 있도록 하고 있지요. ㉣성범죄자의 신상을 공개하는 이 제도는 범죄 피해 예방을 위해 꼭 필요한 제도라고 생각해요.

문장을 끝맺는 말을 보면 사실인지 의견인지 알아챌 수 있어요.

– 독서평설, 「아동 청소년 대상 성범죄자 신상 정보 공개 제도」

◆ 열람 책이나 문서를 훑어보거나 조사하면서 봄.

---

01 ㉠~㉣ 중 사실과 의견을 구별하여 바르게 연결한 것은 무엇인가요?　　　　[　　]

	사실		의견
①	㉠, ㉡	–	㉢, ㉣
②	㉠, ㉡, ㉢	–	㉣
③	㉡, ㉢	–	㉠, ㉣
④	㉡, ㉢, ㉣	–	㉠

02 이 글의 내용으로 알맞지 <u>않은</u> 것은 무엇인가요?　　　　[　　]

① 우리나라에서는 성범죄자의 신상을 공개하고 있다.

② 성범죄자의 신상 공개 범위에는 이름, 나이, 주소가 포함된다.

③ 우리나라 국민이라면 누구나 성범죄자의 정보를 열람할 수 있다.

④ 국가는 아동과 청소년이 주로 생활하는 곳에 성범죄자의 자료를 보낸다.

정답　01 ②　02 ③

풀이　01 이 글은 우리나라 성범죄자 신상 정보 공개 제도에 대한 글입니다. ㉠, ㉡, ㉢은 제도의 내용을 설명하고 있으므로 '사실'입니다. ㉣은 그 사실에 대해 긍정적으로 생각하는 글쓴이의 '의견'입니다.　02 ㉢에 나타난 성범죄자 알림e 서비스는 '성인의 경우 누구나' 정보를 열람할 수 있다고 했으므로 ③에서 '우리나라 국민이라면 누구나'라고 한 것은 알맞지 않습니다.

공공 기관은 한 사회에서 살아가는 많은 사람이 편안하게 생활할 수 있도록 돕는 일을 하는 곳입니다. ㉠소방서, 경찰서, 교육청, 세무서 등이 대표적인 공공 기관이에요. 이런 공공 기관에서는 구체적으로 어떤 일을 하고 있는지 살펴볼까요?

㉡소방서와 경찰서는 우리들의 안전을 지켜 주는 곳이에요. 집에 불이 나거나 도둑이 들었을 때 등 우리들의 안전이 위협당했을 때 도와주는 일을 해요.

㉢교육청은 교육과 관련된 일을 하는 곳이에요. 학교를 짓는 일, 교육 행사를 여는 일, 학교에서 학생들을 더 잘 가르치도록 지원하는 일을 하고 있어요.

세무서는 ◆세금과 관련된 일을 하는 곳이에요. 어떤 사람이 얼마나 세금을 내야 하는지 조사하여 ◆공정하게 세금을 걷고, 잘못 거두어진 세금을 돌려주는 일을 하고 있어요.

이처럼 여러 공공 기관은 개인이 하기는 힘들지만 사람이 살아가는 데 꼭 필요한 역할을 하고 있어요. ㉣여러 공공 기관들이 하는 일을 잘 알아 두었다가 도움을 받을 일이 생겼을 때 잘 이용하면 좋겠어요.

◆ **세금** 나라의 유지와 발전을 위해 국민들이 나라에 내는 돈.
◆ **공정** 공평하고 올바름.

01

㉠~㉣ 중 사실에 해당하는 것을 모두 묶은 것은 무엇인가요? ⸻⸻ [   ]

① ㉠, ㉡   ② ㉡, ㉢

③ ㉠, ㉡, ㉢   ④ ㉠, ㉡, ㉣

02

이 글을 읽고 난 친구의 반응으로 적절하지 <u>않은</u> 것은 무엇인가요? ⸻⸻ [   ]

① 재식: 소방서, 경찰서는 우리의 안전을 지켜 주는 공공 기관이구나!

② 예진: 교육청에서는 교육 행사를 여는 등 교육과 관련된 일을 하고 있구나!

③ 희랑: 세무서에서는 잘못 거두어진 세금을 이용하여 학교에 지원하고 있구나!

④ 민수: 공공 기관은 한 사회에서 살아가는 많은 사람을 위해 꼭 필요하구나!

김치는 우리 민족이 예로부터 만들어 먹어 온 고유의 ◆발효 음식이에요. 우리 조상들은 계절이나 지역에 따라 다양한 채소와 해산물을 이용해 일 년 내내 김치를 만들어 먹었어요. 종류만 수십여 가지에 이르는 김치에는 우리 조상들의 지혜가 담겨 있어요. 어떤 지혜가 담겨 있는지 알아볼까요?

첫째, 김치는 추운 날씨로 인해 채소를 먹을 수 없는 겨울에 부족하기 쉬운 비타민을 보충해 주는 음식이에요. 옛날에는 비닐하우스나 온실 같은 것이 없어서 긴 겨울 동안 채소를 먹을 수 없었어요. 그래서 우리 조상들은 김치를 담가 먹음으로써 겨울 동안 채소를 섭취하고 건강을 유지할 수 있도록 했어요.

둘째, 김치는 비타민뿐만 아니라 단백질을 보충해 주는 음식이에요. 옛날에는 고기가 비쌌기 때문에 서민들은 고기를 잘 먹지 못해 단백질이 부족했어요. 그래서 ㉠우리 조상들은 김치를 만들 때 오징어나 낙지 같은 해산물이나 젓갈을 넣어 버무림으로써 단백질을 공급받아 건강을 유지할 수 있었지요.

김치는 이외에도 건강에 좋은 다양한 영양소가 들어 있어요. ㉡양념으로 쓰이는 고추와 마늘에는 소화가 잘되게 해 주고 ◆노화를 억제해 주는 성분이 들어 있어요. 또한, 생강은 식욕을 돋우고 ◆혈액 순환을 도와줘요.

㉢김치의 이런 우수성은 세계적으로도 인정받아 지난 2006년 미국에서 김치가 세계 5대 건강식품으로 선정되기도 하였어요. ㉣앞으로 그 우수성을 널리 알려 김치가 전 세계 사람들도 함께 즐길 수 있는 음식이 될 수 있게 노력해야 해요.

◆ **발효** 숙성으로 인해 미생물의 작용으로 우리 몸에 더 좋은 음식이 되는 현상.
◆ **노화** 시간의 흐름에 따라 늙어가는 것.　　◆ **혈액 순환** 몸 안에서 피가 건강하게 도는 과정.

03 ㉠~㉣ 중 의견에 해당하는 것은 무엇인가요? [　　]

① ㉠　　　　② ㉡　　　　③ ㉢　　　　④ ㉣

04 이 글의 내용과 일치하지 <u>않는</u> 것은 무엇인가요? [　　]

① 김치는 우리 민족 고유의 발효 음식이다.
② 김치는 겨울에 부족하기 쉬운 비타민을 보충해 주는 음식이다.
③ 김치의 양념으로 쓰이는 고추, 생강, 마늘 등은 단백질을 보충해 준다.
④ 김치는 세계적으로 우수성을 인정받아 세계 5대 건강식품으로 선정되었다.

시에 나타난 감각적 표현 알기

감각적 표현이란?

　　감각적 표현은 글쓴이가 어떤 대상으로부터 느낀 감정이나 인상을 더 실감 나게 표현하기 위해 시에 사용하는 방법이에요. 여기서 감각이란 우리의 신체가 느낄 수 있는 다섯 가지 느낌, 즉 오감을 말해요.

감각적 표현을 파악하는 방법

　　위에서 설명한 오감, 즉 시각, 청각, 후각, 미각, 촉각의 다섯 가지 감각적 표현을 파악하는 방법을 자세히 알아보아요.

① **시각**: 색깔이나 모양 등 눈으로 보이는 것을 표현한 부분 찾기

　예 빠알간 사과가 익었네
　　눈으로 보이는 빨간 사과를 시각적으로 표현

② **청각**: 소리와 같은 귀로 듣는 것을 표현한 부분 찾기

　예 우르르 쾅쾅 번개 치는 무서운 밤
　　귀로 들리는 번개 소리를 청각적으로 표현

③ **후각**: 코로 맡을 수 있는 냄새나 향기를 표현한 부분 찾기

　예 엄마 머리에서 나는 샴푸 냄새
　　코로 느껴지는 샴푸 냄새를 후각적으로 표현

④ **미각**: 혀가 느끼는 맛을 표현한 부분 찾기

　예 달콤 쌉싸름한 초콜릿처럼
　　혀로 느끼는 초콜릿 맛을 미각적으로 표현

⑤ **촉각**: 손으로 만지거나 피부에 닿는 느낌을 표현한 부분 찾기

　예 구름처럼 폭신폭신할 것 같은 솜사탕
　　솜사탕을 손으로 만졌을 때의 느낌을 촉각적으로 표현

가을 바람

이호성

살랑

살랑

간지럼 주어

감나무잎 떨구어 놓구선,

㉠대롱대롱 물건이 흔들리는 모양을 시각적으로 나타낸 표현이에요.

감방울로

㉡잘랑잘랑 물건이 흔들리며 부딪혀 내는 소리를 청각적으로 나타낸 표현이에요.

가을소식 알린다.

온

산과 들이

가을 잔치에

바쁘다.

---

01 이 시에서 표현하고 있는 대상은 무엇인가요? ·· [　　]

　① 산　　　　　② 들　　　　　③ 가을 바람　　　　④ 감

02 ㉠~㉡에 사용된 감각적 표현을 바르게 연결한 것은 무엇인가요? ············· [　　]

　　㉠　　㉡　　　　　　　　　　㉠　　㉡

　① 시각 － 청각　　　　　② 시각 － 시각

　③ 시각 － 촉각　　　　　④ 청각 － 시각

정답　01 ③　02 ①

풀이　01 이 시는 '가을 바람'이 감나무 잎을 떨어뜨리고 감을 흔들어 가을 소식을 알린다는 내용입니다.　02 '대롱대롱'은 모양을 나타낸 것으로 시각적 표현이고, '잘랑잘랑'은 소리를 나타낸 것으로 청각적 표현입니다.

[가]

시금치사우루스

문혜진

시 시 시금치
싫어 싫어 시금치
㉠시퍼래 시시해
맛없어 시금치

진짜? 아니 아니
힘이 불끈 시금치
몸이 튼튼 시금치
시금치 먹고
나는 시금치사우루스!

[나]

떡볶이 친구

이복자

너, 호호
나, 호호
매워도 매워도

좋은 마음이야
쫄깃쫄깃 구수하고
라면 사리처럼 꼬글꼬글

김 솔솔 섞은 수다
얼큰하고 ㉡달콤하게 나누는 떡볶이가 좋아
(생략)

01 ㉠~㉡에 사용된 감각적 표현을 바르게 연결한 것은 무엇인가요? ⸺⸺ [   ]

	㉠		㉡
①	시각	–	미각
②	촉각	–	미각
③	시각	–	후각
④	시각	–	청각

02 두 시의 내용으로 적절하지 <u>않은</u> 것은 무엇인가요? ⸺⸺ [   ]

① [가]는 시금치를 먹으면 몸이 튼튼해진다고 말하고 있다.

② [가]는 시금치를 먹지 않겠다는 마음이 느껴진다.

③ [나]는 떡볶이를 좋아하고 있음을 말하고 있다.

④ 두 시에는 모두 감각적 표현이 사용되었다.

조약돌

임복근

시냇가에
모여사는
조약돌

㉠찰방찰방
시냇물에
목욕하고 나면

물고기들이
구슬인 줄 알고
㉡데굴데굴 굴려보고

별님이 내려온 줄 알고
살살 만져본다.

물살 위를 거닐던
아기바람

물새알인 줄 알고
살몃살몃
딛고 간다.

---

03 이 시에서 표현하고 있는 대상은 무엇인가요? ⋯⋯⋯⋯⋯⋯⋯⋯⋯ [   ]

① 물고기   ② 구슬   ③ 조약돌   ④ 물새알

04 ㉠과 ㉡에 사용된 감각적 표현을 바르게 연결한 것은 무엇인가요? ⋯⋯⋯ [   ]

㉠   ㉡

① 시각   –   청각
② 시각   –   후각
③ 청각   –   시각
④ 청각   –   촉각

독해 기술

6회 이야기에서 일이 일어난 차례 알기

이야기가 일어난 차례란?

　우리가 재미있게 읽는 이야기에는 모두 **일이 일어난 차례**가 있어요. 그래서 우리가 읽는 이야기를 더 잘 파악하기 위해서는 이야기에서 일이 일어난 차례를 알아야 해요.

차례를 파악하는 방법

　일이 일어난 차례를 알기 위해서는 시간의 흐름이나 장소의 이동 순서를 찾아 그에 따른 인물의 행동이나 일어난 사건을 파악해야 해요.

- **시간의 흐름에 따라 일이 일어난 차례 알기**: 시간을 나타내는 말과 그때 일어난 사건을 살펴보면 알 수 있어요.

> **예시**
>
> 시간을 나타내는 말
> 　며칠 전, 시골에 사시는 할머니에게서 전화가 왔다. 할머니는 우리 가족이 보
> 사건
> 고 싶다고 하셨다. 그래서 오늘은 할머니 댁에 가지고 갈 과일을 샀다. 내일 할
> 머니를 찾아뵐 생각을 하니 기대된다.

- **장소의 이동에 따라 일이 일어난 차례 알기**: 장소를 나타내는 말과 그 장소에서 일어난 사건을 살펴보면 알 수 있어요.

> **예시**
>
> 장소를 나타내는 말
> 　학교가 끝나고 집으로 가던 길에 빵집에 들러 엄마가 좋아하시는 단팥빵을
> 사건
> 샀다. 빵집에서 나와 집으로 가던 길에 만난 언니의 손에도 단팥빵이 들려있었
> 다. 우리는 집에 도착해 가족과 도란도란 이야기하면서 빵을 먹었다.

> **잠깐!** 시간과 장소를 나타내는 말
>
> － **시간**: 며칠 뒤, 다음 날, 어제, 오늘 오후, 일주일 뒤 등
> － **장소**: '~에, ~으로, ~에서, ~로부터' 등이 장소와 함께 나타남.

미리보기

장소를 나타내는 말을 중심으로 이야기를 생각해 보면 인물에게 어떤 일이 일어났는지 알 수 있어요.

옛날 어느 마을에 젊은 농부 부부가 살았습니다. 두 사람은 부모님이 없었습니다. 어렸을 때 돌아가셨기 때문입니다. 그래서 부모님을 모시고 사는 사람들을 보면 그렇게 부러울 수가 없었습니다.

"우리한테도 모시고 살 부모님이 계시면 얼마나 좋을까?"

"정말 그래요. 부모님이 계시면 정성을 다해 섬길 텐데요."

부부는 마주 앉기만 하면 이런 이야기를 주고받았습니다. 남의 부모님이라도 모시고 와서 살고 싶은 마음이었습니다.

그러던 어느 날 농부는 ◆장터에 갔다가 사람들이 ◆수군대는 소리를 들었습니다.

"세상 참 별일이네. 팔 게 없어 아버지를 팔아?"

"그러게 아무리 인정머리 없다 해도 너무하는군. 그러다 천벌을 받지."

"돈이 급히 필요한가 봐. 천 냥에 아버지를 팔겠다는 걸 보면."

"돈이 필요해도 그렇지, 그게 자식이 할 짓이야?"

농부는 아버지를 판다는 소리에 ㉠귀가 번쩍 뜨였습니다.

"이 장터에 아버지를 파는 곳이 있나요? 지금 어디서 팔고 있죠?"

농부가 이렇게 묻자, 한 사람이 가까운 곳에 있는 담벼락을 가리켰습니다.

– 신현배 엮음, 「아버지를 팝니다」 (전래 동화)

◆ **장터** 시장이 열리는 곳.　　　◆ **수군대다** 다른 사람이 알아듣지 못할 정도의 낮은 소리로 이야기함.

---

01 농부가 ㉠과 같은 반응을 보인 까닭은 무엇인가요? ⋯⋯⋯⋯⋯⋯⋯⋯ [　　]

① 돈이 필요해서　　　　　　　　② 부모님으로 모시고 살고 싶어서

③ 부모님을 바꾸고 싶어서　　　　④ 아버지를 파는 것이 놀라워서

02 농부가 아버지를 판다는 소식을 들은 곳은 어디인가요? ⋯⋯⋯⋯⋯⋯ [　　]

① 마을　　　　　② 농부의 집　　　　　③ 장터　　　　　④ 담벼락

정답　01 ②　02 ③

풀이　01 농부 부부는 어릴적 부모님이 돌아가셔서 부모님을 모시고 사는 것을 부러워하여 남의 부모님이라도 모시고 와서 살고 싶어 하였습니다.　　02 어느 날 농부는 장터에 갔다가 사람들이 누군가 아버지를 판다며 수군대는 소리를 들었습니다.

후두둑, 후두두둑!

숲속에 밤새 비바람이 한바탕 몰아쳤어요. 나뭇가지는 툭툭 떨어지고 이파리들은 이리저리 흩날렸어요. 숲에 사는 곤충들은 모두 꼭꼭 숨어 있었지요.

아침이 되자 숲은 언제 그랬냐는 듯 햇빛에 반짝였어요.

"어젯밤엔 정말 굉장했어."

개미 한 마리가 땅속에서 쏙 기어 나왔어요.

"앗, 이건 뭐지?"

개미는 떨어진 나뭇가지에 붙은 번데기를 보았어요. 개미는 번데기가 ◆우스꽝스러워 보였어요.

"넌 정말 이상하게 생겼구나? 다리도 없고 날개도 없잖아."

그러자 번데기가 수줍게 말했어요.

"네, 지금은 자유롭게 움직일 수 없지만, 곧 개미님 같은 멋진 곤충이 될 거랍니다."

그 말을 들은 개미는 배를 잡고 웃었어요.

"하하하, 그렇게 웃긴 말은 처음 듣겠구나. 곤충이라면 나처럼 다리가 여섯 개에다가 더듬이도 있어야지."

"그래도 전……."

"그만 됐어! 넌 그냥 못생긴 벌레일 뿐이야."

개미는 번데기를 흘깃거리더니 땅속으로 쏙 들어갔어요.

그리고 하루, 이틀, 사흘이 지났어요. 아침엔 쨍쨍 햇빛이 비치더니 점심때가 지나자 갑자기 소나기가 내리기 시작했어요.

"갑자기 웬 비가 쏟아진담!"

먹이를 구하러 나온 개미는 ◆질척거리는 땅을 걸어가야 했어요.

– 차보금 엮음, 「개미와 번데기」 (이솝 우화)

◆ **우스꽝스러운** 말이나 행동이 특이하여 우스움.　　◆ **질척거리다** 흙이나 반죽이 물기가 매우 많아 차진 느낌이 듦.

01　이 이야기에서 시간을 나타내는 말과 그때 날씨를 선으로 연결해 보세요.

(1) 밤새　　　　　•　　　　　• ㄱ. 소나기

(2) 아침이 되자　•　　　　　• ㄴ. 햇빛

(3) 점심때가 지나자 •　　　　• ㄷ. 비바람

　　나는 영국의 한 작은 마을에서 5형제 중 셋째로 태어나 14살 때 케임브리지 엠마누엘 대학에 들어갔다.

　　그 후, 의사가 되라는 아버지의 뜻에 따라 런던의 유명한 외과 의사인 페이트 선생님 밑에서 조수로 일하였다. 간혹 아버지가 보내 주시는 용돈은 ◆항해술과 수학에 관한 책을 사 읽는 데 썼다. 언젠가는 바다를 항해하고 싶은 꿈이 이루어지기를 굳게 믿으면서.

　　의사 공부를 마치고 네덜란드로 가서 2년 7개월간 물리학을 집중적으로 공부하고 돌아오자, 페이트 선생님은 나를 아브라함 스월로 호의 의사로 추천해 주셨다. 어릴 적 항해의 꿈이 비로소 이루어진 것이다.

　　그후 2년 동안 나는 여러 항해를 마치면서 병원도 차리고 결혼도 하며 만족스러운 삶을 살았지만, 페이트 선생님께서 돌아가시면서 나의 경제 사정은 무척 어려워지기 시작하였다. 결국 나는 아내와 친구들과 의논한 끝에 엔틸로프호의 윌리엄 프러치더 선장의 제안을 받고 1699년 5월 4일 브리스톨 항구를 떠났다.

　　고요하고 평화롭던 항해 도중 아프리카 남쪽 끝에 있는 희망봉을 돌아 인도양으로 들어선 어느 날이었다. 갑자기 심한 안개가 몰려오는가 싶더니 파도가 몰아쳐 정신을 차릴 수가 없었다. 선장의 명령에 따라 간신히 돛을 내렸지만, 폭풍은 점점 거세어져 갔다.

　　"◆암초다!"

　　누군가 외쳤지만 손쓸 틈도 없이 배는 암초에 부딪혀 가라앉기 시작했다. 사람들은 물속에 빠져 허우적거렸다.

　　"꽈당, 쾅!"

　　산더미 같은 파도에 배는 암초에 부딪혀 산산조각이 나고 말았다. 나는 있는 힘을 다해 어느 해안가에 닿았다. 나는 비틀거리며 간신히 걷다가 풀밭에 쓰러져 그대로 정신을 잃고 말았다.

– 이호일, 「소인국으로 간 걸리버」

◆ **항해술** 항해하는 기술.　　　　◆ **암초** 물속에 잠겨 보이지 않는 바위나 산호.

02　다음은 이 이야기에서 장소에 따라 일이 일어난 차례를 정리한 것입니다. 일이 일어난 장소를 찾아 빈칸에 알맞게 써넣어 보세요.

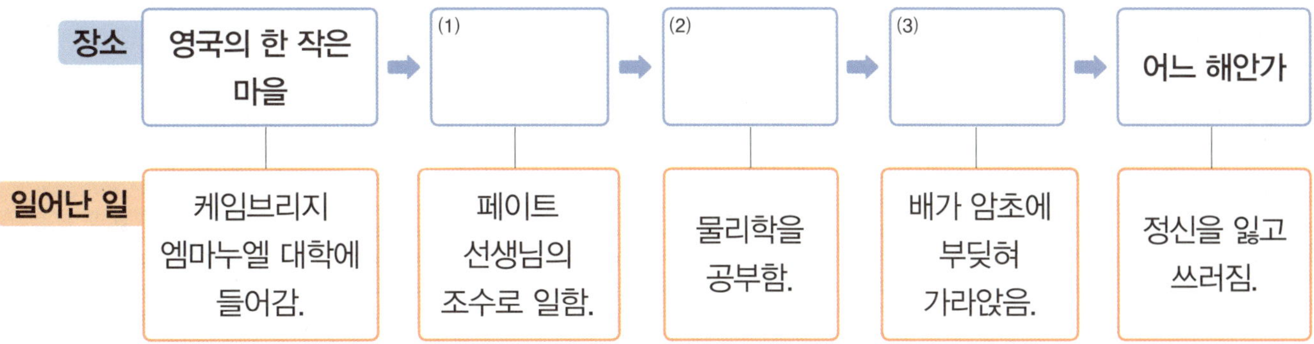

독해 적용

: 다양하게 읽기

독해 적용

1회

수릿날 이야기

독해가
쉬워지는
낱말

» 다음 뜻을 가진 낱말을 **보기** 에서 찾아 빈칸에 알맞게 넣어 보세요.

1. 논밭에 농작물의 씨앗을 뿌리는 것.

보기

파종

파장

예 노는 땅에는 봄 상추와 시금치라도 ☐☐ 하는 것이 좋습니다.

2. 풍속과 습관을 아울러 이르는 말.

보기

풍습

풍문

예 오늘날 사람들은 우리의 소중한 ☐☐ 을/를 점점 잊어갑니다.

3. 악마와도 같이 못된 병.

보기

병균

병마

예 할머니께서는 ☐☐ 에 시달린 지 벌써 10년이 넘었습니다.

독해가
쉬워지는
한마디

우리나라에는 정월 대보름, 단오, 추석과 같이 계절에 따라 고유의 명절이 있어. 그중에서도 다양한 풍습과 민속놀이가 있는 단오에 대한 글을 읽어 보자!

» **다음 글을 읽고 물음에 답하세요.**

‘수릿날’이라고도 불리는 단오는 음력 5월 5일로, 우리 전통 명절 중의 하나입니다. 단오의 ‘단’은 처음, ‘오’는 다섯째로 ‘초닷새(매달 첫날부터 다섯 번째 되는 날)’를 의미합니다. 농사를 중요하게 생각하던 옛날, 단오는 파종을 하고 모내기를 끝낸 후 풍년을 기원하며 잠시 쉴 수 있던 날이었습니다. 우리 조상들은 이러한 단옷날에 다양한 풍습을 즐겼습니다.

첫 번째, 여자들은 창포물에 머리를 감았습니다. 높이 30센티미터 내외인 ⓐ창포는 연못가나 도랑에서 자라는 식물로 향기가 진합니다. 옛날 사람들은 창포의 향기로 ◆액운을 쫓고 병마를 이겨 낼 수 있다고 믿었습니다. 또한, 창포의 잎과 뿌리를 우려낸 물에 머리를 감으면 머리카락이 잘 빠지지 않고 윤기도 난다 하여 단옷날이면 창포물에 머리를 감았다고 합니다.

두 번째, 서로에게 부채를 선물하였습니다. ㉠조선 시대 임금은 단오가 되면 신하들에게 부채를 선물하였는데 이를 ‘단오선’이라고 합니다. ㉡이것을 시작으로 후대에 와서는 서로에게 단옷날 부채를 선물하는 풍습이 생겼습니다. ㉢부채는 모양에 따라 자루가 달린 단선과 접었다 펼치는 접선으로 나뉩니다. ㉣부채를 선물하는 것에는 다가오는 여름을 건강하게 지내고, 무더위를 함께 지혜롭게 이겨 내자는 좋은 의미가 담겨 있습니다.

세 번째, 씨름을 하였습니다. 우리나라 고유의 운동인 씨름은 예로부터 내려온 힘겨루기 운동으로 화합과 단결을 의미합니다. 그래서 나라에 경사스러운 일이 있을 때마다 씨름을 수시로 하였습니다. 수많은 씨름 대회 중에서도 단연 으뜸은 바로 단오 씨름 대회입니다. 단옷날 마을의 넓은 마당에는 씨름을 하러 온 사람들이 ◆인산인해를 이루었다고 합니다.

이 밖에도 우리 조상들은 단오가 되면 그네 타기, 수리취떡 먹기, 앵두 화채 만들기 등 다양한 풍습을 즐겼습니다.

◆ **액운** 모질고 사나운 운수. 좋지 않은 운수.

◆ **인산인해** 사람이 산을 이루고 바다를 이루었다는 뜻으로, 사람이 수없이 많이 모인 상태를 이르는 말.

1 이 글은 무엇에 대한 글인가요? ──────────────── [　　]

① 우리 조상들의 지혜　　　　　② 단오의 의미와 풍습

③ 단오의 유래와 지역　　　　　④ 우리나라 명절의 종류

2 이 글의 중심 낱말과 중심 내용을 바르게 연결한 것은 무엇인가요? ──── [　　]

<u>중심 낱말</u>　　　　　　　　　　<u>중심 내용</u>

①　명절　–　조선 시대 임금은 단오가 되면 신하들에게 부채를 선물하였다.

②　씨름　–　수많은 씨름 대회 중에도 단오 씨름 대회가 단연 으뜸이다.

③　단오　–　단오는 우리 선조들이 다양한 풍습을 즐겼던 우리 고유의 명절이다.

④　단오　–　단오가 되면 여자들은 창포물에 머리를 감았다.

3 ⓐ의 특징으로 알맞지 <u>않은</u> 것은 무엇인가요? ──────────── [　　]

① 향기가 진한 식물이다.

② 연못가나 도랑에서 자라는 식물이다.

③ 열매는 식용으로도 활용되었다.

④ 잎과 뿌리를 우려낸 물에 머리를 감으면 윤기가 난다.

4 ㉠~㉣ 중 글의 흐름에 어울리지 <u>않는</u> 문장은 무엇인가요? ──────── [　　]

①　㉠　　　　　②　㉡　　　　　③　㉢　　　　　④　㉣

5 이 글을 읽은 후 친구들의 반응으로 옳지 <u>않은</u> 것은 무엇인가요? ―――― [   ]

① 현유: 예전 우리 조상들이 단오를 어떻게 보냈는지 알 수 있었어.

② 예원: 창포가 머리카락에 좋다고 하니 나도 한번 창포물에 머리를 감아보
고 싶어.

③ 도훈: 우리 조상들은 씨름 대회를 통해 힘이 센 사람만 살아남는다는 것
을 배웠던 것 같아.

④ 장혁: 단오와 관련 있는 다양한 풍습을 아끼고 잘 보존해야겠다는 생각을
했어.

6 <u>보기</u>의 낱말을 모두 사용하여 빈칸에 알맞게 넣어 보세요.

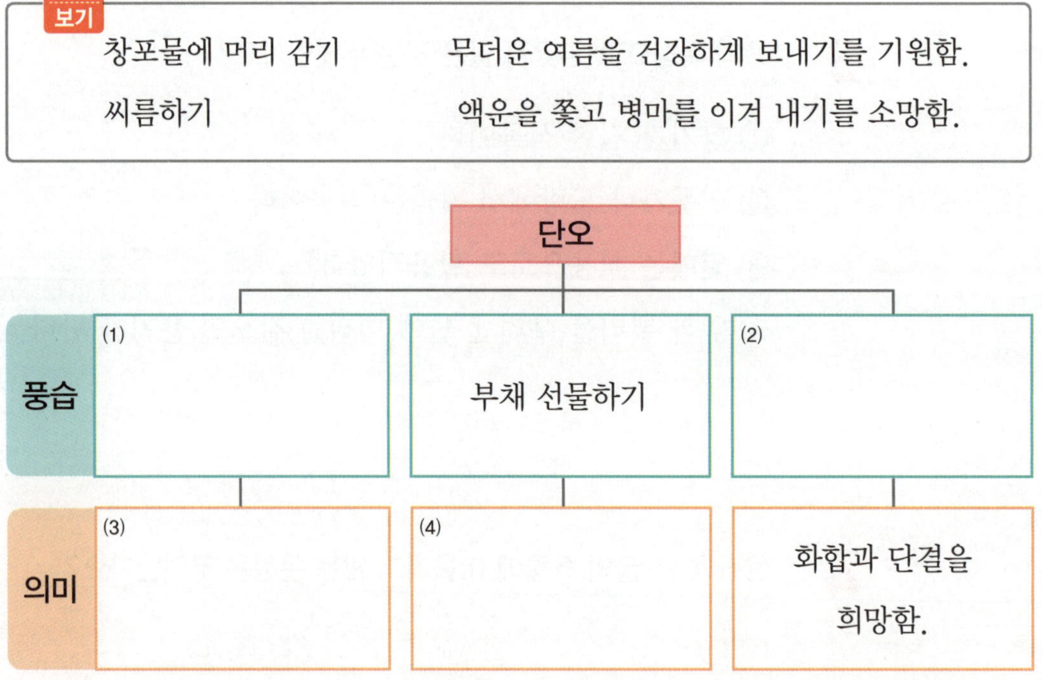

독해 적용

2회 반려동물을 대하는 자세

독해가
쉬워지는
낱말

» 다음 뜻을 가진 낱말을 보기 에서 찾아 빈칸에 알맞게 넣어 보세요.

1. 사람이 정서적으로 의지하고자 가까이 두고 기르는 동물.

보기
반려동물
경제동물

예 초롱이는 ☐☐☐☐이자
우리 가족입니다.

2. 몹시 괴롭히거나 가혹하게 대우하는 것.

보기
우대
학대

예 아동 ☐☐은/는 우리 사회에서 반드시
뿌리 뽑아야 할 문제입니다.

3. 내다 버림.

보기
유기
유예

예 ☐☐ 동물을 안전하게 구조하여 보호하려는
노력이 필요합니다.

독해가
쉬워지는
한마디

반려동물 유기와 학대에 대한 뉴스를 본 적 있니? 불쌍하게 버려지고 학대를 당하는 반
려동물의 수를 줄이려면 어떤 노력이 필요할까? 반려동물 보호에 대한 글을 읽어 보자!

QR코드를 찍어서 지문을 들어 보세요.

» 다음 글을 읽고 물음에 답하세요.

㉠우리 사회에서 반려동물을 키우는 인구가 1,000만 명을 넘어섰습니다. 이것은 1~2인 ♦가구가 늘어나면서 외로움을 달래기 위해 반려동물을 키우고 싶어 하는 사람들이 많아졌기 때문입니다. 그런데 늘어나는 반려동물 못지않게 버려지거나 학대당하는 반려동물의 수도 급증하였다고 합니다. 반려동물을 아끼고 사랑하기 위해서 우리는 어떤 노력을 해야 할까요?

첫째, 반려동물을 내 가족처럼 생각해야 합니다. 반려동물은 단지 보고 귀여워하는 것을 넘어서 마음으로 의지하며 더불어 살아가는 가족과 같은 삶의 ♦동반자입니다. '반려'란 함께 짝이 되는 존재라는 뜻입니다. ㉡내 가족을 아끼듯이 반려동물도 아끼고 사랑해야 합니다.

둘째, ㉢반려동물에 대해 책임감을 느껴야 합니다. 단순한 호기심이나 귀엽고 예쁘다는 까닭으로 반려동물을 키워서는 안 됩니다. 많은 수의 반려동물이 처음에는 귀엽고 예쁘다는 까닭으로 입양되었다가 늙거나 병들고, 심지어 덩치가 커졌다는 까닭으로 버려지는 경우가 많습니다. 반려동물을 키울 때는 책임감을 느끼고 예방 접종 및 약 투여 등 건강 관리에도 신경 쓰며, 늙거나 병들어 죽을 때까지 키워야 합니다.

셋째, 반려동물의 생명을 존중하여야 합니다. 반려동물은 사람과 같이 추위, 배고픔, 고통을 느끼며 두려움, 기쁨 등의 감정을 가진 생명체이기 때문입니다. ㉣따라서 반려동물을 인형이나 장난감 다루듯이 함부로 대하거나 학대해서는 안 됩니다.

이처럼 반려동물을 내 가족처럼 아끼고 사랑하며, 반려동물에 대해 책임감을 느끼고 생명을 존중한다면 반려동물 유기나 학대에 관한 기사를 더 이상 접하지 않게 될 것입니다. 사람과 반려동물의 행복한 ♦동행이 이루어지는 사회를 만들어 갑시다.

♦ **가구** 주거 및 생계를 같이하는 사람의 집단.

♦ **동반자** 어디를 함께 가거나 어떤 일을 함께하는 사람.

♦ **동행** 같이 길을 가는 것.

1 이 글의 종류로 알맞은 것은 무엇인가요? ······················· [   ]

① 상상하여 꾸며 낸 글

② 자신의 의견을 주장하는 글

③ 어떠한 정보를 전달하는 글

④ 여러 가지 마음을 표현하는 글

2 이 글을 통해 글쓴이가 하고 싶은 말은 무엇인가요? ··············· [   ]

① 반려동물을 많이 키우자.

② 반려동물을 차별하지 말자.

③ 반려동물을 아끼고 사랑하자.

④ 혼자 사는 가구의 수를 줄이자.

3 ㉠~㉣ 중 사실을 나타낸 문장은 무엇인가요? ·················· [   ]

① ㉠　　　　② ㉡　　　　③ ㉢　　　　④ ㉣

4 반려동물 사랑을 실천하고 있지 <u>않은</u> 친구는 누구인가요? ·········· [   ]

① 재석: 난 우리 도마뱀 마돌이를 내 동생과 같다고 생각해.

② 지효: 난 우리 집 고양이 삐삐가 늙고 병들더라도 끝까지 챙겨줄 거야.

③ 종국: 내가 키우는 고슴도치 도치는 내 맘대로 할 수 있는 재미있는 장난
　　　　감이야.

④ 소민: 난 매번 예방 접종을 빼먹지 않고 우리 강아지 몽이를 건강하게 키
　　　　우고 있어.

5 반려동물의 생명을 존중해야 하는 까닭을 이 글에서 찾아 써 보세요.

반려동물은 ____

____ 때문입니다.

6 다음은 이 글을 요약한 표입니다. 보기 의 낱말을 모두 사용하여 빈칸에 알맞게 넣어 보세요.

<table>
<tr><td>보기</td><td>생명　　가족　　책임감</td></tr>
</table>

반려동물을 아끼고 사랑하자.	반려동물을 내 ⁽¹⁾ [　] 처럼 생각해야 한다.
	반려동물에게 ⁽²⁾ [　] 을/를 가져야 한다.
	반려동물의 ⁽³⁾ [　] 을/를 존중해야 한다.

독해 적용
3회

착시 현상을 체험해 보자!

**독해가
쉬워지는
낱말**

» 다음 뜻을 가진 낱말을 **보기** 에서 찾아 빈칸에 알맞게 넣어 보세요.

1. 자기가 직접 한 경험.

보기

| 모험 |
| 체험 |

예 학교에서 현장 ☐☐ 학습을 다녀왔습니다.

2. 잘못된 것이 없이 옳거나 바름.

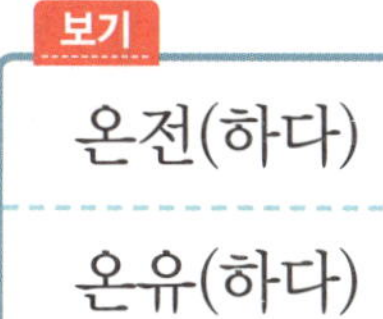

보기

| 온전(하다) |
| 온유(하다) |

예 깨진 조각들을 붙여서 ☐☐ 한
항아리 모양을 재현했습니다.

3. 실제로 있는 사실이나 상태.

보기

| 현실 |
| 현재 |

예 오래전 꿈이 ☐☐ (으)로 다가오고 있습니다.

**독해가
쉬워지는
한마디**

　　사람들이 실제와는 다르게 느끼는 착각 중에서도 눈 때문에 일어나는 일을 착시라고 해.
착시를 이용하면 마술 같은 일을 만들어 낼 수 있어. 간단한 문제들을 직접 풀면서 착시를
체험해 보자!

» **다음 글을 읽고 물음에 답하세요.**

QR코드를 찍어서 지문을 들어 보세요.

가 사람들은 가끔 실제와는 다르게 착시를 느낄 때가 있습니다. 착시가 생기면 선이나 모양이 실제와 다르게 보이기도 하고, 먼 것과 가까운 것의 위치가 바뀌어 보이기도 합니다. 신비로운 착시 ◆현상을 체험해 봅시다.

나 〈그림 1〉에서 두 선분 중 어떤 선분의 길이가 더 긴지 맞추어 보세요. 그리고 자로 재서 길이를 확인해 보세요. 어떤가요? 두 선분은 길이가 같습니다. 하지만 아래쪽 선분이 더 길어 보이는 까닭은 양 끝에 붙어 있는 화살 표시의 영향 때문입니다.

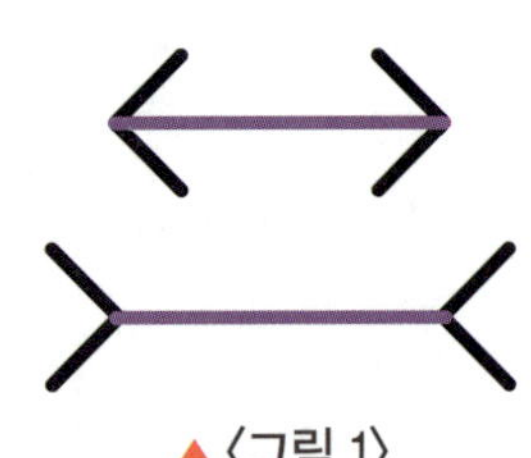

▲ 〈그림 1〉

다 〈그림 2〉에서 넓이의 착시를 체험해 봅시다. 바깥쪽 검은색 고무 부분을 뺀 나머지 부분의 바퀴 크기를 비교해 보세요. 두 바퀴 중 어떤 바퀴가 커 보이나요? 예상했듯이 두 바퀴의 넓이는 같습니다. ☐ ㉠ ☐ 바깥쪽 검은색 고무 부분의 넓이 차이 때문에 전체 타이어의 넓이가 큰 오른쪽의 바퀴가 더 크게 보입니다.

▲ 〈그림 2〉

라 세 번째로, 선과 면의 착시를 ◆복합적으로 이용하면, 현실에서는 불가능한 도형들을 그릴 수 있습니다. 〈그림 3〉을 살펴보면, 양 바깥쪽 끝에 있는 막대의 모양만이 온전할 뿐 나머지는 완성된 도형의 모양이 아닙니다. 우리의 눈이 전체 도형 중 일부 그려놓은 선만 보아도 완성된 면으로 착각하기 때문에 가능한 그림입니다.

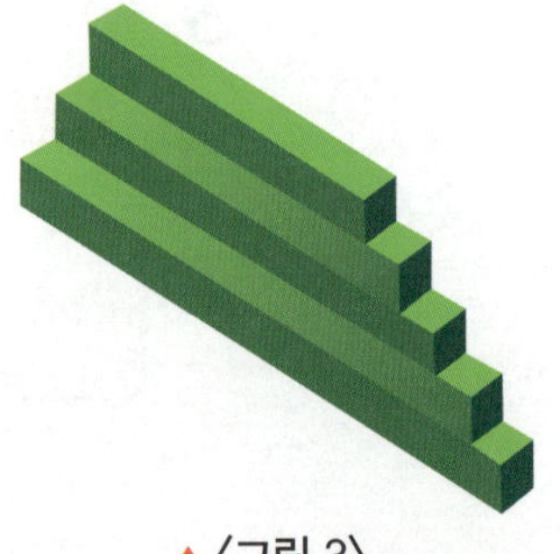

▲ 〈그림 3〉

마 우리의 눈은 컴퓨터처럼 정확하지 못합니다. ☐ ㉡ ☐ 눈이 본 것을 읽어내고 생각하는 역할을 하는 뇌도 마찬가지입니다. 마지막으로 선으로만 이루어진 〈그림 4〉를 봅시다. 여러분의 눈에는 어떻게 보이나요?

▲ 〈그림 4〉

◆ **현상** 인간이 알아볼 수 있는 사물의 모양이나 상태.　◆ **복합적** 두 가지 이상이 합쳐져 있는 것.

1 이 글에서 가장 중심이 되는 낱말은 무엇인가요?

2 이 글의 내용과 일치하지 <u>않는</u> 것은 무엇인가요? ………………………… [   ]

① 사람들은 가끔 실제와 다르게 착시를 느끼기도 한다.

② 착시가 생기면 같은 길이의 선분이 실제와 다르게 보이기도 한다.

③ 착시가 생기면 같은 넓이의 크기가 실제와 다르게 보이기도 한다.

④ 사람의 눈은 컴퓨터처럼 정확하지는 않지만 뇌는 정확하다.

3 각 문단의 중심 내용이 바르게 연결되지 <u>않은</u> 것은 무엇인가요? ………… [   ]

① **가**: 착시 현상 소개

② **나**: 길이에 관한 착시의 예

③ **다**: 넓이에 관한 착시의 예

④ **라**: 도형 문제를 정확히 푸는 법

4 글의 흐름을 생각할 때, ㉠과 ㉡에 들어갈 말로 알맞은 것은 무엇인가요? ……… [   ]

	㉠		㉡
①	그리고	–	그러나
②	그래서	–	하지만
③	그러나	–	그리고
④	그러므로	–	그래서

5 이 글을 통해 답을 알 수 <u>없는</u> 질문은 무엇인가요? ──────────── [   ]

① 착시를 일으키면 색깔이 실제 색깔과 다르게 보일 수 있나요?

② 착시를 이용하면 실제로는 존재하지 않는 도형 모양을 그릴 수 있나요?

③ 눈이 착각을 일으키면 물건의 멀고 가까운 위치가 바뀌어 보일 수 있나요?

④ 같은 길이의 선분이지만 화살 표시에 의해 길이가 바뀌어 보일 수 있나요?

6 그림과 관련이 있는 문단은 어디인가요? ──────────── [   ]

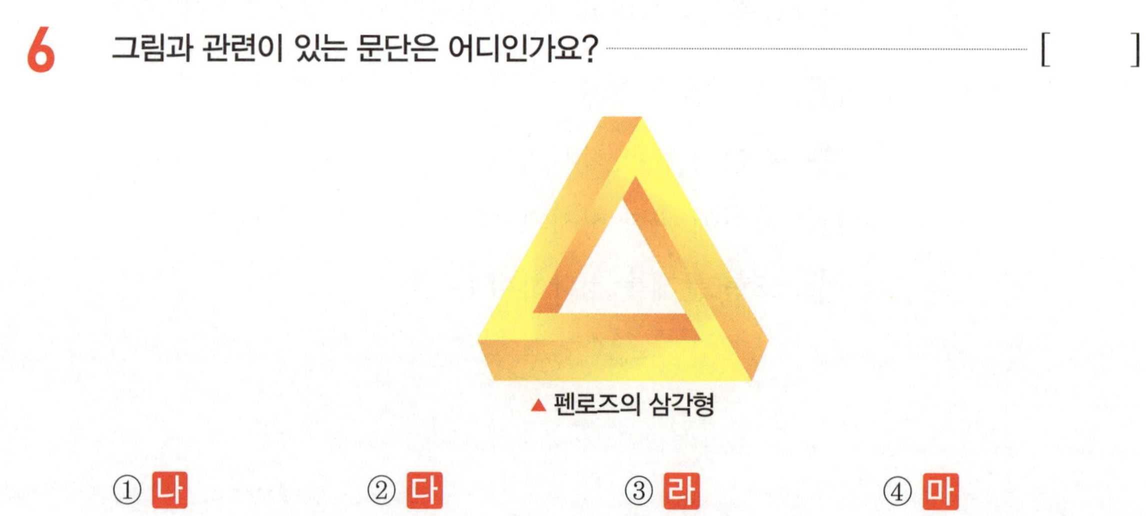
▲ 펜로즈의 삼각형

① 나   ② 다   ③ 라   ④ 마

독해 적용

4회

지구 신발 _ 함민복

독해가 쉬워지는 낱말

» 다음 뜻을 가진 낱말을 **보기** 에서 찾아 빈칸에 알맞게 넣어 보세요.

1. 아무것도 신지 않은 발.

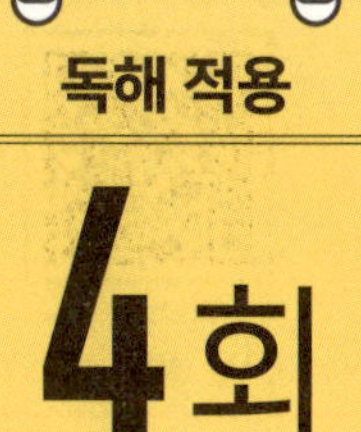

보기
헛발
맨발

예 ☐ ☐ (으)로 진흙탕에 들어갔습니다.

2. 신발, 양말, 버선 등 짝이 되는 두 개를 한 묶음으로 세는 단위.

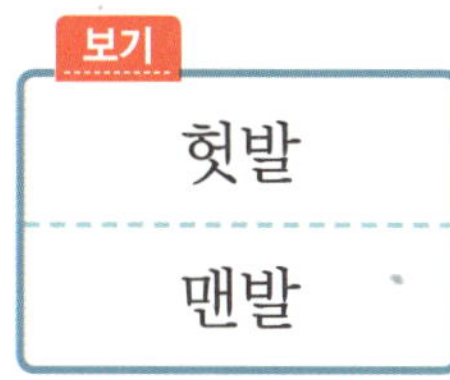

보기
켤레
웅큼

예 양말 한 ☐ ☐ 을/를 마트에서 샀습니다.

3. 몸집이 크고 얼굴이 험상궂게 생긴 모양.

보기
우락부락
울퉁불퉁

예 그의 생김새가 ☐ ☐ ☐ ☐ 해도 마음은 여립니다.

독해가 쉬워지는 한마디

맨발로 흙길이나 모래사장을 걸어 본 적 있니? 사실 요즘에는 아스팔트, 보도블럭 등 딱딱한 길이 많지만, 사실 땅은 사람이 맨발로 걷기 좋은 흙으로 되어 있단다! 감각적 표현이 잘 나타난 시를 읽고 우리 자연의 소중함을 느껴 보자!

QR코드를 찍어서 지문을 들어 보세요.

» 다음 시를 읽고 물음에 답하세요.

지구 신발

함민복

너 지구 신발 신어 봤니?

맨발로 *뻘에 한번 들어가 봐
말랑말랑한 뻘이 간질간질
발가락 사이로 스며들며
금방 발에 딱 맞는
신발 한 켤레가 된다

그게 지구 신발이야

지구 신발은
까칠까칠 *칠게 발에도
*낭창낭창 도요새 발에도
보들보들 아이들 발에도
우락부락 어른들 발에도
다 딱 맞아

지구 신발 한번 꼭 신어보렴

◆ **뻘** 서해안에서 볼 수 있는 진흙 같은 모래. '갯벌'의 사투리.

◆ **칠게** 서해안 갯벌에서 자라는 게의 한 종류.

◆ **낭창낭창** 가늘고 긴 막대가 흔들리는 모양.

1 이 시는 무엇에 대하여 쓴 시인가요? ──────────────── [　　]

① 신발의 중요함　　　　　② 뻘에 사는 동물들

③ 맨발로 뻘을 걷는 즐거움　　④ 아이와 어른의 차이

2 이 시의 주제로 가장 적절한 것은 무엇인가요? ────────── [　　]

① 지구를 보호하자.

② 신발을 꼭 신어야 한다.

③ 맨발로 뻘에 들어가는 즐거움을 느껴보자.

④ 맨발로 걷는 것은 위험하다.

3 이 시의 감각적 표현과 해당 낱말이 알맞게 연결되도록 보기 에서 찾아 써 보세요.

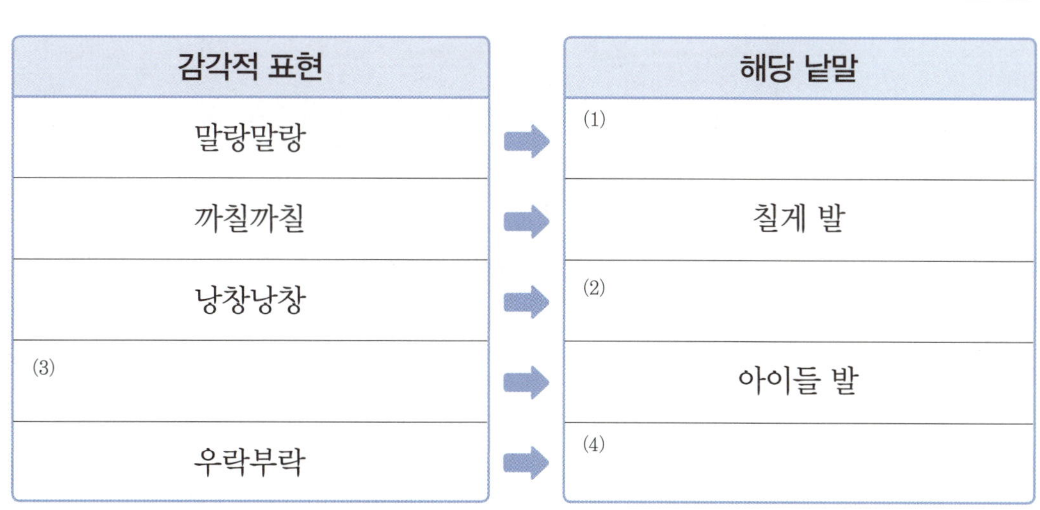

보기

도요새 발　　　어른들 발　　　뻘　　　보들보들

감각적 표현		해당 낱말
말랑말랑	➡	(1)
까칠까칠	➡	칠게 발
낭창낭창	➡	(2)
(3)	➡	아이들 발
우락부락	➡	(4)

4 '지구 신발'이 의미하는 것은 무엇인가요? ────────────── [　　]

① 뻘　　　　② 칠게　　　　③ 도요새　　　　④ 어른들

5 이 시의 말하는 이가 겪은 경험으로 알맞은 것은 무엇인가요? ⸺⸺⸺⸺ [   ]

① 칠게에게 발을 물려 보았다.

② 맨발로 뻘에서 걸어 보았다.

③ 발가락을 간질거려 보았다.

④ 아이들 신발을 어른에게도 신겨 보았다.

6 이 시를 읽은 상한이의 감상문입니다. **보기** 의 낱말을 모두 사용하여 빈칸에 알맞게 넣어 보세요.

> **보기**
>
> 촉각적   맨발   시각적

이 시는 '말랑말랑, 간질간질, 까칠까칠, 보들보들'의 ⁽¹⁾[   ] 표현과 '낭창낭창, 우락부락'을 ⁽²⁾[   ] 표현을 사용하여 ⁽³⁾[   ] (으)로 뻘을 밟는 즐거움을 나타낸 시입니다.

5회 옛날의 통신 수단, 봉수

**독해가
쉬워지는
낱말**

» 다음 뜻을 가진 낱말을 보기 에서 찾아 빈칸에 알맞게 넣어 보세요.

1. 우편이나 전신, 전화 따위로 정보나 의사, 소식을 전달하는 것.

보기

통신

전신

예 교통과 □□은/는 산업의 발달에 큰 영향을 미칩니다.

2. 고려 · 조선 시대에, 밤에는 횃불, 낮에는 연기를 올려 주변 지역에서 발생하는 전쟁이나 난리를 중앙에 알리던 통신 제도.

보기

봉수

봉기

예 서울 남산에 가면 옛날의 □□대가 남아있습니다.

3. 일정한 부호, 소리, 몸짓으로 특정한 내용이나 정보를 전달하는 것. 또는 그렇게 하는 데 쓰는 부호.

보기

기호

신호

예 선수들은 출발선에 나란히 서서 출발 □□을/를 기다렸습니다.

**독해가
쉬워지는
한마디**

　　전화기도, 휴대 전화도, 인터넷도 없다면 어떻게 연락을 할까? 옛날에는 외적이 침입하거나 위급한 일이 생겼을 때 '봉수'로 소식을 알렸다고 해. 어떻게 봉수로 연락을 했는지 봉수에 대한 글을 읽어 보자!

» **다음 글을 읽고 물음에 답하세요.**

QR코드를 찍어서 지문을 들어 보세요.

누군가에게 급하게 알려야 할 일이 생기면 여러분은 어떻게 하나요? 오늘날에는 전화나 휴대 전화, 인터넷 등을 사용하여 간편하고 빠르게 연락을 합니다. 그렇지만 오늘날과 같은 통신 ◆수단이 없었던 과거에는 어떻게 소식을 알렸을까요?

옛날에는 사람이 직접 소식을 전하러 먼 길을 걸어가거나 말을 타고 갔습니다. 하지만 그러기에는 시간과 노력이 많이 필요했기 때문에 긴급한 일을 전할 때는 말이나 사람보다 더 신속하고 효과적으로 연락할 수 있는 봉수를 사용했습니다.

삼국 시대부터 시작되어 조선 시대까지 이어진 봉수는 급한 소식을 전하던 통신 수단으로, 횃불을 의미하는 '봉'과 연기를 뜻하는 '수'가 합쳐진 말입니다. ㉠봉수는 적의 침입에 대한 중요한 정보를 임금님이 계시는 한양에 전하던 그 당시 가장 빠른 통신 수단이었습니다. ㉡낮에는 연기로, 밤에는 멀리서도 잘 볼 수 있도록 횃불로 소식을 전달했습니다. ㉢오늘날에는 인터넷과 전화를 통하여 단 몇 초 만에 세계 전역으로 소식을 전할 수 있습니다. ㉣전국 어느 곳이든 약 12시간이면 봉수를 사용하여 한양까지 소식을 전달할 수 있었다고 합니다.

당시 봉수의 신호 방식을 살펴보면 평소에는 1◆홰, 적이 나타나면 2홰, 경계에 접근하면 3홰, 경계를 침범할 때는 4홰, 치열하게 ◆접전 중이면 5홰로 알리게 되어 있었습니다. 비바람이 심하여 봉수로 소식을 전하기 어려운 상황에서는 ◆화포 또는 나팔과 같은 소리나 깃발을 사용하였고, 이것도 어려운 경우에는 사람이 직접 다음 지역으로 달려가 소식을 전하였다고 합니다.

조상들의 지혜가 엿보이는 체계적 통신 수단이었던 봉수는 조선 시대 후기에 근대적인 통신 방식이 도입되자 우리 땅에서 사라지게 되었습니다.

◀ 남산에서 볼 수 있는 봉수대의 모습

◆ **수단** 어떤 목적을 이루기 위한 방법. 또는 그 도구.

◆ **홰** 횃불이나 연기 같은 봉수의 신호.

◆ **접전** 경기나 전투에서 서로 맞붙어 싸움.

◆ **화포** 대포처럼 화약의 힘으로 탄환을 내쏘는 대형 무기.

1 이 글은 어떤 종류의 글인가요? ────────────────────── [　　]

① 상대를 설득하는 글

② 상상하여 꾸며 쓴 글

③ 어떤 정보를 전달하는 글

④ 자신의 마음을 표현한 글

2 이 글에서 가장 중심이 되는 낱말은 무엇인가요?

3 봉수에 대한 내용으로 알맞은 것은 무엇인가요? (정답 2개) ─────── [　,　]

① 봉수는 삼국 시대 때 처음 시작되었다.

② 봉수는 낮에는 횃불, 밤에는 연기로 소식을 알렸다.

③ 봉수는 특히 비바람이 심할 때 자주 사용하던 통신 수단이었다.

④ 봉수를 사용하면 전국 어디서든 약 12시간 만에 한양으로 소식을 전할 수
　있었다.

4 ㉠~㉣ 중 글의 흐름에 어울리지 <u>않는</u> 문장은 무엇인가요? ────────── [　　]

① ㉠　　　　　② ㉡　　　　　③ ㉢　　　　　④ ㉣

5 이 글의 내용으로 보아 그림은 어떤 상황인가요? ────────────── [　　]

① 적이 나타남.

② 아무 이상 없음.

③ 현재 치열하게 전쟁 중임.

④ 적이 우리 영역으로 들어옴.

6 **보기** 의 낱말을 모두 사용하여 이 글의 중심 내용을 완성해 보세요.

보기

홰　　봉수　　횃불　　연기

옛날에는 급한 일이 생기면 ⁽¹⁾[　　　] 을/를 사용하여 소식을 전했다. 낮에는 ⁽²⁾[　　　](으)로, 밤에는 ⁽³⁾[　　　](으)로 소식을 전달했으며, ⁽⁴⁾[　　]의 개수로 의미를 전달했다.

6회

발레리나, 강수진

독해가
쉬워지는
낱말

» 다음 뜻을 가진 낱말을 보기 에서 찾아 빈칸에 알맞게 넣어 보세요.

1. 신체의 장애를 극복하고 생활함.

예 다리가 다친 영수는 　　　치료를 통해 건강을 되찾았습니다.

2. 외국에 나가 공부함.

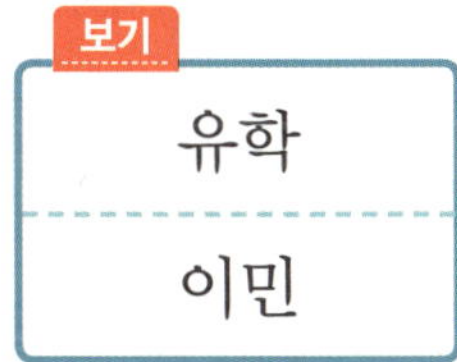

예 음악 공부를 더 하고 싶어서 독일로 　　　을/를 갔습니다.

3. 어떤 일에 깊은 애정을 가지고 열심히 하는 마음.

예 우리 반 친구들은 축구에 남다른 　　　을/를 가지고 있습니다.

독해가
쉬워지는
한마디

　어떤 분야에서 최고가 되기 위해서는 끊임없는 노력과 열정이 필요해. 최고의 발레리나가 된 강수진은 어떤 노력을 했을지 그녀의 이야기를 읽어 보자!

QR코드를 찍어서 지문을 들어 보세요.

» 다음 글을 읽고 물음에 답하세요.

　　강수진은 1967년, 서울에서 태어났습니다. 어린 시절 강수진은 우연히 무용수의 동작을 따라 한 것을 계기로 한국 무용을 배우기 시작하였습니다. 한국 무용을 배우던 강수진은 중학교 시절 발레로 전공을 바꾸었고, 일 년 후, 모나코 왕립발레학교로 유학을 떠나게 됩니다.

　　㉠아는 사람 하나 없고 말도 통하지 않는 유학 생활은 정말 외롭고 힘들었습니다. 그럴수록 강수진은 더욱 마음을 다잡았고, 밤마다 자는 시간도 아끼면서 누구보다 열심히 연습하며 발레 실력을 키워갔습니다. 이러한 노력 끝에 그녀는 로잔국제발레 ◆콩쿠르에서 우승하였고, 독일 슈투트가르트 발레단에 최연소로 ◆입단하면서 세계의 주목을 받게 됩니다. 입단 12년 만에 그녀는 수석 발레리나로 ◆승급하였고, 곧이어 무용계의 아카데미상이라 불리는 '브누아 드 라 당스'의 최고 여성무용수 상을 수상하는 ◆쾌거를 이루었습니다.

　　하지만 기쁨도 잠시, ㉡강수진은 다리뼈에 금이 가 재활에 성공하지 못하면 영영 발레를 그만둬야 할 큰 위기에 맞닥뜨리게 됩니다. 강수진은 용기를 내어 재활 치료를 시작하였고, 15개월의 치료 끝에 다시 무대 위 여주인공으로 돌아갈 수 있었습니다. 큰 어려움을 극복한 강수진은 2002년 동양인 최초로 캄머 탠처린 상을 받으며 전설적인 무용가로 자리매김하게 되었고, 2016년 「오네긴」 공연을 끝으로 입단 30년 만에 현역 생활을 마무리하였습니다.

　　강수진이 전 세계 관중의 마음을 뒤흔드는 최고의 발레리나가 될 수 있었던 까닭은 화려한 무대 뒤에서 상상하기도 어려운 노력을 했기 때문입니다. 그녀는 언제나 누구도 아닌 자신과 싸우며 앞으로 나아갔습니다. 강수진이 보여 준 끝없는 열정은 오늘도 많은 사람에게 본보기가 되고 있습니다.

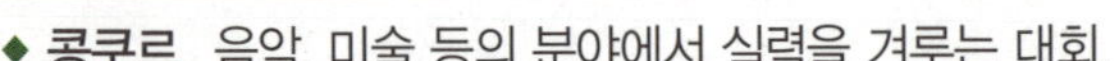

◆ **콩쿠르** 음악, 미술 등의 분야에서 실력을 겨루는 대회.　　◆ **입단** 어떤 조직이나 단체에 가입함.

◆ **승급** 등급이 올라감.　　◆ **쾌거** 매우 기쁘고 칭찬할 만한 일.

1 이 글은 누구에 대한 글인지 써 보세요.

2 이 글이 우리에게 주는 교훈으로 가장 적절한 것은 무엇인가요? ⸺⸺⸺ [   ]

① 위기는 여러 사람과 함께 극복하자.

② 어떤 분야든지 그 분야에서 최고가 되자.

③ 사람들에게 먼저 다가가는 용기를 가지자.

④ 내가 하려는 일에 끝없는 열정을 가지고 노력하자.

3 ㉠과 ㉡에서 느낄 수 있는 강수진의 마음으로 가장 적절한 것은 무엇인가요? [   ]

	㉠		㉡
①	쓸쓸함	–	두려움
②	슬픔	–	행복함
③	반가움	–	만족감
④	편안함	–	기쁨

4 이 글의 내용과 일치하지 <u>않는</u> 것은 무엇인가요? ⸺⸺⸺ [   ]

① 강수진은 로잔국제발레 콩쿠르에서 우승하였다.

② 강수진은 슈투트가르트 발레단에 최연소로 입단하였다.

③ 강수진은 재활에 성공하지 못하여 많은 어려움을 겪었다.

④ 강수진은 밤마다 자는 시간을 아끼며 발레 연습을 하였다.

5 이 글의 내용 중 사실은 'O', 의견은 '△'로 표시해 보세요.

(1) 강수진은 1967년, 서울에서 태어났다. [   ]
(2) 입단 12년 만에 수석 발레리나가 되었다. [   ]
(3) 강수진은 2002년 동양인 최초로 캄머 탠처린 상을 받았다. [   ]
(4) 강수진이 보여 준 끝없는 열정은 많은 사람에게 본보기가 되었다.

[   ]

6 이 글을 읽고 난 후 올바르지 <u>않은</u> 반응을 보인 친구의 이름을 써 보세요.

[   ]

태형: 강수진은 힘든 재활 치료를 견딜 만큼 발레를 무척이나 사랑한 사람인 것 같아. 나도 얼마 전 다리가 부러져 재활 치료를 받았는데, 그 과정이 정말 힘들었어. 이 힘든 과정을 모두 견뎌 낸 강수진이 정말 대단하다는 생각이 들어.

두준: 강수진은 정말 타고난 발레리나인 것 같아! 많은 노력을 기울이지 않고도 무용계 최고의 상인 '브누아 드 라 당스'의 최고 여성무용수 상을 수상하다니 정말 놀라워! 강수진은 한마디로 '천재'라고 할 수 있어.

성재: 얼마 전 가족들과 태국으로 여행을 갔었는데, 태국 사람들과 말이 통하지 않아 정말 답답했던 기억이 있어. 그래서인지 어린 시절 말도 통하지 않는 곳에서 유학 생활을 했던 강수진이 정말 안타까워.

탄소 발자국을 줄이자

» 다음 뜻을 가진 낱말을 **보기** 에서 찾아 빈칸에 알맞게 넣어 보세요.

1. 기온이 높아지는 현상.

보기
사막화
온난화

예 지구가 [ ][ ][ ] 되면 빙하가 녹아 해수면이 상승합니다.

2. 일정한 지역이나 환경에서 생물들이 서로 적응하고 상호 관계를 맺으며 균형과 조화를 이루는 자연의 세계.

보기
생태계
생존계

예 지구 온난화는 [ ][ ][ ] 을/를 파괴합니다.

3. 영양분을 몸 속으로 빨아들이는 것.

보기
섭취
성취

예 음식을 편식하지 않아야 영양분을 골고루 [ ][ ] 할 수 있습니다.

　　탄소 발자국이 무엇인지 아니? 탄소 발자국은 우리가 사용하고 만들어 내는 모든 것들과 관련이 있어. 탄소 발자국이 지구에 나쁜 영향을 준다면 어떻게 해야 할까? 탄소 발자국을 줄이는 방법에 대한 글을 읽어 보자!

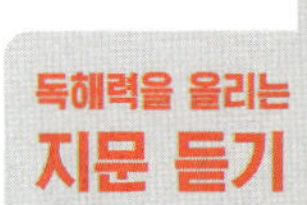

》 다음 글을 읽고 물음에 답하세요.

QR코드를 찍어서 지문을 들어 보세요.

가 탄소 발자국이란 일상생활에서 얼마나 많은 이산화 탄소를 만들어 내는지를 양으로 표시한 것을 말합니다. ㉠음식을 먹거나 옷을 사서 입는 등의 모든 과정에서 만들어지는 이산화 탄소는 지구 온난화를 일으켜 생태계를 파괴합니다. 따라서 우리는 탄소 발자국을 줄이는 습관을 길러야 합니다. 그렇다면 어떻게 해야 탄소 발자국을 줄일 수 있을까요?

나 첫째, ㉡*동물 단백질보다 *식물 단백질을 먹어야 합니다. 우리가 먹는 음식의 재료를 생산하는 과정에서 이산화 탄소가 많이 만들어집니다. 특히, 많은 양의 비료와 *살충제가 사용되는 소고기는 식품 중에서도 가장 많은 이산화 탄소를 발생시킵니다. 반면 콩과 같은 식물 단백질은 소고기보다 이산화 탄소 발생량이 10배나 적습니다. 따라서 육류보다 식물 단백질 섭취를 늘리면 그만큼 이산화 탄소의 양을 줄일 수 있습니다.

다 둘째, 자가용 사용을 줄여야 합니다. ㉢자동차는 짧은 시간 동안 많은 양의 이산화 탄소를 발생시킵니다. 따라서 가까운 거리를 걸어 다닌다면 이산화 탄소를 거의 발생시키지 않을 수 있습니다. 또한, 먼 거리의 경우 *대중교통을 이용한다면 각자 자동차를 이용할 때보다 이산화 탄소의 양을 줄일 수 있습니다.

라 이렇듯 일상생활에서 우리가 무심코 하는 행동에는 탄소 발자국을 늘리는 원인이 되는 것들이 많이 있습니다. ㉣지금부터라도 동물 단백질보다 식물 단백질을 먹고, 자동차 사용을 줄이는 습관을 길러 탄소 발자국을 줄이기 위해 노력합시다.

◆ **동물 단백질** 동물체나 동물성 식품 안에 들어 있는 단백질.

◆ **식물 단백질** 식물체 안에 들어 있는 단백질.

◆ **살충제** 사람과 가축, 농작물에 해가 되는 벌레를 죽이거나 없애는 약.

◆ **대중교통** 버스나 지하철과 같이 여러 사람이 함께 이용하는 교통 수단.

1 이 글을 처음, 가운데, 끝으로 나눌 때, **가**~**라**는 각각 어느 부분에 해당하는지 빈칸에 기호를 써 보세요.

처음	가운데	끝
(1)	(2)	(3)

2 이 글에 나타난 문제 상황은 무엇인가요? ⋯⋯⋯⋯⋯⋯⋯⋯⋯⋯⋯⋯⋯⋯ [   ]

① 탄소 발자국의 의미를 모르는 사람이 많다.
② 식물 단백질의 생산량이 점차 줄어들고 있다.
③ 우리가 만드는 이산화 탄소가 생태계를 파괴한다.
④ 일상생활에서 탄소 발자국을 만들어 내는 것이 어렵다.

3 이 글을 읽고 알 수 <u>없는</u> 내용은 무엇인가요? ⋯⋯⋯⋯⋯⋯⋯⋯⋯⋯⋯⋯ [   ]

① 탄소 발자국을 줄이는 방법
② 콩에 들어 있는 이산화 탄소의 양
③ 탄소 발자국을 줄여야 하는 까닭
④ 이산화 탄소를 가장 많이 발생시키는 식품

4 ㉠~㉣을 사실과 의견으로 구분하여 기호를 써 보세요.

사실	의견
(1)	(2)

5 다음은 혜진이의 일기입니다. 이 글의 내용과 거리가 <u>먼</u> 것은 무엇인가요?

[   ]

> 수업 시간에 탄소 발자국에 대해 알게 되었다. ①탄소 발자국이란 사람들이 발생시키는 모든 이산화 탄소의 양이다. ②이산화 탄소가 많아지면 지구의 온난화가 일어난다고 한다. ③나는 학교가 가까운 곳에 있어서 걸어다니는데, 탄소 발자국이 적게 발생된다니 뿌듯했다. ④또한, 많은 양의 비료와 살충제가 사용되는 식물 단백질 식품은 먹지 않도록 조심해야겠다.

6 다음은 글쓴이의 주장과 근거를 정리한 것입니다. 빈칸에 알맞은 낱말을 넣어 보세요.

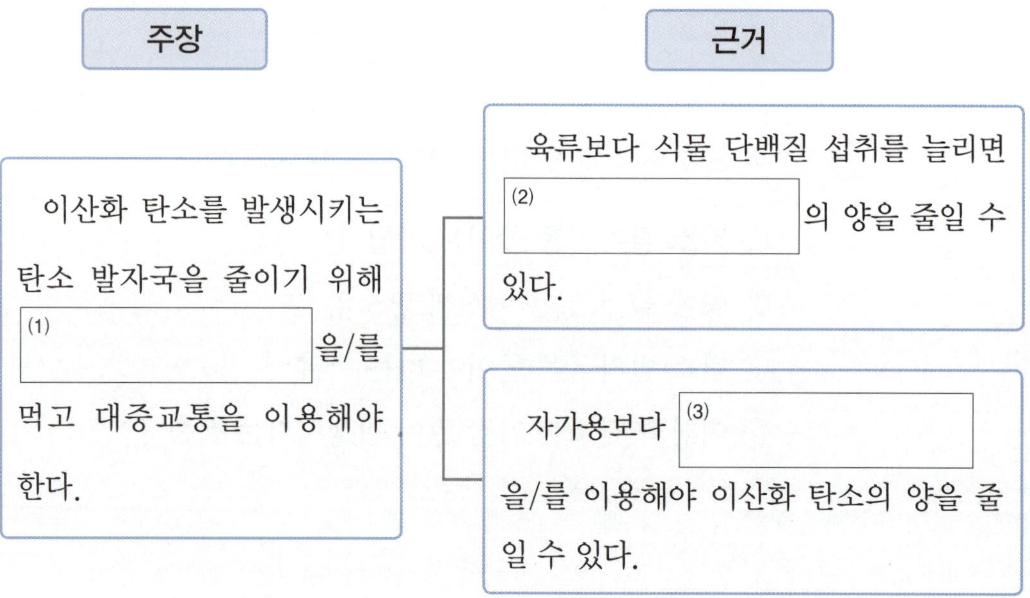

독해 적용

8회

건방진 장루이와 68일 _ 황선미

» 다음 뜻을 가진 낱말을 [보기]에서 찾아 빈칸에 알맞게 넣어 보세요.

1. 마음에 들지 않아 좋지 않음.

보기
못마땅하다
퉁명스럽다

예 노인은 내 말이 ☐☐☐☐☐ 는 듯 헛기침을 했습니다.

2. 알에서 나온 후 아직 다 자라지 않은 벌레. 혹은 애벌레.

보기
유충
성충

예 ☐☐ 이/가 자라면 땅속에서 고치를 짓고 번데기로 지냅니다.

3. 사람 목의 앞쪽 부분의 살. 또는 그 부분의 옷깃.

보기
넉살
멱살

예 화가 난 친구는 결국 나의 ☐☐ 을/를 잡았습니다.

학급에서 떡볶이를 만드는 날, 프랑스에서 전학 온 친구 장루이가 가져온 과자로 인해 교실에는 난리가 났대. 무슨 일이 일어난 것인지 「건방진 장루이와 68일」 이야기를 읽어 보자!

QR코드를 찍어서 지문을 들어 보세요.

» **다음 이야기를 읽고 물음에 답하세요.**

식탁이 거의 다 차려졌을 때 장루이가 슬그머니 가방에서 불룩한 종이봉투를 꺼냈다. 집에서 만든 것 같은 과자였다.

"어머. 장루이. 그거 프랑스 과자니?"

"맛있겠다."

애들이 과자를 보며 한마디씩 했다. 애들 반응에 장루이가 빙긋 웃었다. 기분이 좋아서 무슨 말이든 하고 싶은 눈치였다. 그러는 동안 정우가 떡볶이를 완성했다.

"짜자잔!"

정우가 뜨거운 ⓐ떡볶이에 보란 듯이 잘게 썰어진 치즈를 한 주먹 뿌렸다. 걔가 말하던 ⓑ'마법의 뭔가'가 바로 ⓒ그거였다.

㉠"오! 끝내준다. 치즈 떡볶이라니!"

"우리 요리가 최고일걸!"

"선생님! 우리 모둠은 다 됐어요!"

애들이 오두방정을 떨어댔다. 다른 모둠 애들이 구경하러 와서는 조금만 달라고 구걸까지 했다. 선생님도 맛을 보시고 엄지를 척 세우셨다. 나는 내 모둠 애들이 이렇게까지 하는 게 너무너무 기분 좋아서 ㉡입을 다물지 못했다. 그런데 문득 장루이가 눈에 딱 들어왔다.

걔는 방금 그 표정이 아니었다. 애들이 자기 접시에 떡볶이를 덜어 와 먹는 걸 잔뜩 찡그린 채 보고 있는 게 아닌가. 정우가 녹아서 길게 늘어진 ⓓ치즈를 먹을 때는 거의 토하는 시늉까지 했다.

"넌 안 먹냐? 접시 줘. 내가 덜어 줄게."

그 말이 뭐가 어떻다고 장루이가 나를 힐끗 쳐다보더니 나가 버렸다. 도대체 뭐가 문제란 말인가. 다른 애들은 먹느라고 신경도 안 썼지만 나는 걔 행동이 아주 못마땅했다. 조금 뒤에 돌아온 장루이는 머리카락이 조금 젖어 있었다. 세수를 한 모양이었다.

"장루이. 이 과자 맛있다."

"집에서 만든 거지? 재료가 뭐야?"

"그래. 알려 줘. 나도 엄마한테 만들어 달래야지."

애들이 과자를 오물거리며 장루이를 쳐다보았다. 장루이가 없는 동안 걔 접시에 떡볶이를 담아 주고 과자를 맛있게 먹으며 말을 거는 애들. 그건 친해지려고 노력하는 행동이었다. 그러나 장루이는 아까보다 더 ✦뚱했다. 그리고 딱 그렇게 뚱한 말투로 말했다.

"밀웜."

"밀……뭐?"

"웜. 그게 재료야. 딱정벌레 유충."

애들 ⓒ입이 딱 벌어지고 표정이 굳어 버렸다.

"유충? 벌레라고?"

"꾸웩!"

정우가 먼저 먹은 걸 토해 냈다.

"허억!"

진아가 손바닥에 뱉은 걸 들고 밖으로 뛰쳐나갔다. 여기저기서 토하고 비명 지르고 난리가 났다. 나는 장루이 과자에 손도 대지 않았지만, 기가 막혀서 걔를 멍하니 쳐다보기만 했다.

장루이는 되레 애들을 스윽 돌아보며 투덜거리듯 중얼거렸다.

"뭐야. 멍청이들……."

㉮ 그 순간 나도 모르게 장루이에게 달려들었다. 나는 녀석의 멱살을 움켜쥐었고 녀석이 놀라 넘어지는 바람에 같이 나뒹굴었다.

— 황선미, 「건방진 장루이와 68일」

◆ **뚱하다** 못마땅하여 시무룩함.

1 이 이야기는 어떤 상황에서 일어난 일인가요? [ ]

① 학급 친구들과 함께 과자를 만드는 상황

② 다른 반 친구들과 힘겨루기를 하는 상황

③ 학급 친구들과 함께 간식 파티를 하는 상황

④ 수업 때 과자의 영양소에 대해 배우는 상황

2 ㉠에 대한 장루이의 반응으로 알맞은 것은 무엇인가요? [ ]

① 너무 좋아서 입을 다물지 못하였다.

② 잔뜩 찡그린 얼굴로 토하는 시늉을 하였다.

③ 구경하러 와서 조금만 달라고 구걸을 하였다.

④ 우리 모둠의 요리가 최고일 것이라고 칭찬하였다.

3 ⓐ~ⓓ 중 의미하는 것이 나머지와 <u>다른</u> 것은 무엇인가요? ─────── [   ]

① ⓐ   ② ⓑ   ③ ⓒ   ④ ⓓ

4 ⓛ과 ⓒ의 의미가 알맞게 연결된 것은 무엇인가요? ─────── [   ]

	ⓛ		ⓒ
①	깜짝 놀라다.	–	매우 슬프다.
②	너무 무섭다.	–	마음에 쏙 들다.
③	무척 기쁘다.	–	무척 놀라다.
④	마음에 들지 않다.	–	너무 무섭다.

5 ㉮에서 장루이에 대한 '나'의 마음으로 알맞은 것은 무엇인가요? ─────── [   ]

① 화남   ② 고마움   ③ 성가심   ④ 부러움

6 이 이야기가 일어난 차례에 알맞게 순서대로 기호를 써 보세요.

> ㄱ. 장루이가 밀웜으로 만든 것이라고 하자 아이들이 토하고 난리가 났다.
>
> ㄴ. 나는 투덜거리듯 중얼거리는 장루이에게 달려들어 멱살을 잡았다.
>
> ㄷ. 아이들이 장루이의 과자를 먹고 무슨 재료로 만들었는지 물어봤다.
>
> ㄹ. 떡볶이에 정우가 치즈를 뿌리자 장루이의 표정이 나빠졌다.

☐ → ☐ → ☐ → ☐

독해 적용 9회

화폐의 유래

독해가
쉬워지는
낱말

» 다음 뜻을 가진 낱말을 보기 에서 찾아 빈칸에 알맞게 넣어 보세요.

1. 사물이나 일이 생겨남. 또는 그 사물이나 일이 생겨난 바.

보기
유래
거래

예 이 민속 행사의 ☐☐ 은/는 신라 때로 거슬러 올라갑니다.

2. 필요한 물자를 스스로 생산하여 충당하는 것.

보기
자급자족
자승자박

예 농사일을 직접 하면서 식량과 야채를 ☐☐☐☐ 하고 있습니다.

3. 돈으로 사거나 팔지 않고 직접 물건과 물건을 바꾸는 일.

보기
화폐 교환
물물 교환

예 옛날 사람들은 ☐☐☐☐ 을/를 통해 경제 활동을 하였습니다.

독해가
쉬워지는
한마디

우리가 문구점이나 가게에서 물건을 살 때 동전이나 지폐를 사용하지? 이러한 동전과 지폐를 '화폐'라고 해. 화폐의 유래에 대한 정우와 엄마의 대화를 읽어 보자!

» **다음 글을 읽고 물음에 답하세요.**

QR코드를 찍어서 지문을 들어 보세요.

정우 엄마, 용돈을 주셔서 감사합니다. 그런데 궁금한 게 있어요. 물건을 살 때 돈은 왜 필요한 거예요? 옛날에도 돈이 있었나요?

엄마 아주 먼 옛날에는 돈이 없었어. 당시 사람들은 내가 먹어야 할 곡식은 내가 농사지어 먹고, 내가 먹고 싶은 고기도 내가 직접 잡아먹었단다. 이런 것을 '자급자족'이라고 해. 자급자족하는 생활에서는 돈의 존재와 필요성을 모르고 살았지.

그러다가 점점 자신이 사용하고 남는 곡식이나 고기, 물건들을 자신이 필요로 하는 다른 물건과 바꾸고 싶은 마음이 생겼어. 그래서 '물물 교환'이라는 형태의 ◆경제 활동이 나타나게 되었단다. 물물 교환은 돈으로 물건을 사고팔지 않고 직접 물건과 물건을 바꾸는 것을 말해. 예를 들어 쌀을 많이 가진 사람과 콩을 많이 가진 사람이 서로 물건을 맞바꾸는 것이지.

정우 그런데 서로 바꾸기를 원하는 물건이 맞지 않을 때도 있지 않나요?

엄마 맞아. 서로 필요한 것이 다른 경우 교환을 할 수 없었고, 교환을 할 때에도 공통된 기준이 없어 물건의 가치에 대한 생각이 서로 달라 힘들었단다. 이러한 문제를 해결하기 위해서 사람들은 기준이 되는 물건을 정하여 값을 매기게 되었어.

이때 기준이 되는 물건은 부피가 작아야 했단다. 그래야 들고 다니면서 거래하기 편했겠지. 또 단단하면서도 썩거나 상하지 않아서 오래 보관할 수 있어야 했어. 게다가 어느 정도 ◆희귀해야 했단다. 소금이나 가죽, 동물 뼈, 옷감, 조개껍데기 등이 바로 기준이 되는 물건이었고 그중 조개껍데기가 가장 ⑤ 이지. 이러한 물건들을 '물품 화폐'라고 해. 이것이 바로 오늘날 화폐의 유래가 된 거야.

정우 우아! 우리가 지금 쉽게 쓰고 있는 돈이 어떻게 해서 나타나게 된 건지 자세히 알게 되었어요.

◆ **경제 활동** 생활에 필요한 물건 등을 사고파는 활동.　　◆ **희귀하다** 드물거나 매우 귀한 것을 이르는 말.

1 이 글은 무엇에 대한 글인가요? ────────────────── [　　]

① 화폐의 유래　　　　　　② 화폐의 역할

③ 화폐의 기준　　　　　　④ 화폐의 중요성

2 다음 뜻으로 보아 ㉠에 들어갈 알맞은 낱말은 무엇인가요? ────── [　　]

> 어떤 분야나 집단에서 그것의 상태나 성질을 잘 나타낼 만큼 특징적인 것.

① 상투적　　　　② 절대적　　　　③ 대표적　　　　④ 상대적

3 다음 내용에 따라 알맞은 것끼리 선으로 연결해 보세요.

(1) 동물 뼈를 들고 물고기를 구하러 갔다.　•　　　•ㄱ. 자급자족

(2) 내가 뿌린 씨앗에서 자란 곡식을 먹었다.　•　　　•ㄴ. 물품 화폐

(3) 우리 집의 과일과 옆집의 고기를 바꾸었다.　•　　•ㄷ. 물물 교환

4 이 글에 나타난 '물품 화폐'로 알맞지 <u>않은</u> 것은 무엇인가요? ─────── [　　]

① 　　②

③ 　　④

5 ㉮~㉣ 중 다음 이야기와 관련된 부분은 어디인가요? ————————— [   ]

> 　자신의 개와 함께 사냥을 끝낸 후, 사냥감을 어깨에 메고 돌아오던 사냥꾼은 멀리서 바다에 나가 바구니에 물고기를 가득 담아 오던 어부와 만났습니다. 사냥꾼은 물고기가 탐이 났고, 어부는 사냥꾼이 사냥한 고기가 탐이 났지요.
> 　사냥꾼이 "나는 평생 사냥만 해서 산짐승만 먹었더니 너무 질립니다. 싱싱한 물고기를 맛보고 싶어요."라고 하자, 어부도 "나도 물고기만 먹으니, 입에서 비린내가 납니다. 이제 물고기는 지긋지긋해요."라고 하였습니다. 결국 그들은 서로의 수확물을 교환하기로 하였지요.
> 　둘은 매일 앞으로 잡은 물건을 서로 맞바꾸기로 했습니다. 다음 날도, 그 다음 날도 상대에게 잡은 물건을 서로 넘겨주고 넘겨받았어요.
>
> － 「사냥꾼과 어부」 (이솝 우화)

① ㉮　　　　② ㉯　　　　③ ㉰　　　　④ ㉣

6 보기 의 낱말을 모두 사용하여 이 글의 중심 문장을 완성해 보세요.

보기

물물 교환　　　물품 화폐　　　자급자족

화폐는 (1) [　　　　　], (2) [　　　　　], (3) [　　　　　] 의 순서대로 변화하여 오늘날의 모습이 되었다.

아름다움이란 무엇일까?

**독해가
쉬워지는
낱말**

» 다음 뜻을 가진 낱말을 **보기**에서 찾아 빈칸에 알맞게 넣어 보세요.

1. 남의 감정, 의견, 주장에 대하여 자기도 그렇다고 느낌. 또는 그렇게 느끼는 기분.

보기

공감

질감

예 그 후보의 주장은 특히 어린이들에게 많은 ☐☐ 을/를 불러일으켰습니다.

2. 어떤 일이나 남을 위해 자신을 생각하지 않고 몸과 마음을 바쳐 있는 힘을 다함.

보기

봉사

헌신

예 독립운동가들은 조국을 위해 ☐☐ 을/를 했습니다.

3. 나만의 생각이나 사물을 보는 방식.

보기

주관

객관

예 만 2세가 되면 아동의 ☐☐ 이/가 뚜렷해져서 떼를 쓰기도 합니다.

**독해가
쉬워지는
한마디**

'아름다움'은 무엇일까? 그리고 어떤 때 아름다움을 느끼니? 사람마다 아름다움을 느끼는 것은 다양한대. 각자 아름다움을 느끼는 순간은 어느 때인지를 생각하며 글을 읽어 보자.

QR코드를 찍어서 지문을 들어 보세요.

» **다음 글을 읽고 물음에 답하세요.**

'아름다움'이란 무엇일까요? 우리는 멋진 자연 경관이나 반짝이는 보석을 보고 아름답다고 합니다. 때로는 누군가의 착한 행동을 보고 마음씨가 아름답다고 할 때도 있습니다. 그렇다면 아름다움은 모든 사람이 똑같이 느끼는 것일까요?

먼저 눈으로 보거나 귀로 듣고 즐거움을 느낄 때 아름답다고 표현할 때가 있습니다. 예를 들어 들판에 핀 꽃을 보고 '꽃이 아름답다.'고 하고, 모차르트 음악을 듣고서도 '곡이 아름답다.'고 합니다. 이런 아름다움은 우리가 느끼는 감각에 만족을 주는 순간입니다.

그러나 이와는 다르게 느껴지는 아름다움이 있습니다. 고대 그리스의 학자 아리스토텔레스는 아름다움이란 '선한 것'이라고 하였고, 플라톤은 '도덕적인 것'을 포함한다고 했습니다. 이때의 아름다움이란 감각으로 느끼는 것이 아닌, 행동이나 마음씨가 훌륭할 때를 이르는 것입니다. 예를 들어 가난한 자를 위해 평생을 헌신한 마더 테레사의 삶이나 뜨거운 불과 맞서 싸우는 소방관의 땀방울에서 우리는 아름다움을 느낍니다.

아름다움을 느끼는 때는 사람마다 다를 수 있습니다. 다른 사람들의 행동이나 마음씨를 보고 훌륭하다고 생각하는 것은 각자 자신의 기준에 따라 다르기 때문입니다. 그러므로 '아름다움에 대한 생각은 주관적이다.'라고 할 수 있습니다.

1 이 글은 무엇에 대한 글인가요? ·· [   ]

① 아리스토텔레스와 플라톤
② 들판에 핀 꽃의 아름다움
③ 아름다움에 대한 다양한 생각
④ 변하지 않는 아름다움의 법칙

2 이 글의 내용과 일치하지 <u>않는</u> 것은 무엇인가요? (정답 2개) ················ [,   ]

① 아름다움에 대한 의견은 사람마다 다양하다.
② 시대가 지나도 변하지 않는 아름다움이 있다.
③ 아리스토텔레스는 아름다움을 '도덕적인 것'이라고 하였다.
④ 마더 테레사의 헌신을 아름다운 삶이라고 이야기할 수 있다.

3 보기 를 읽고, 아름다움에 대한 생각을 두 가지로 구분하여 써 보세요.

> **보기**
>
> ㄱ. 푸른 하늘을 보았을 때 느끼는 아름다움
> ㄴ. 넘어진 친구에게 먼저 다가가 손을 내미는 친구에게서 느끼는 아름다움
> ㄷ. 레오나르도 다빈치의 미술작품 「모나리자」에서 느껴지는 아름다움
> ㄹ. 어려운 형편에서도 평생 모은 돈을 사회에 기부한 할머니

감각이 만족하는 것	선하고 도덕적인 것
(1)	(2)

4 이 글을 통해 답할 수 <u>없는</u> 질문은 무엇인가요? ──────────── [　　　]

① 아름다움은 모두에게 똑같이 느껴질까요?

② 모차르트의 어떤 음악 작품이 아름다운가요?

③ 사람들은 어떤 상황에서 아름다움을 느끼나요?

④ 아리스토텔레스는 아름다움을 무엇이라 했나요?

5 이 글을 읽고 더 알아볼 내용에 대해 이야기를 나누었습니다. 거리가 <u>먼</u> 이야기를 한 친구는 누구인가요? ──────────── [　　　]

① 미연: 모차르트의 음악을 들어 보고 어떤 부분이 아름다움을 느끼게 하는 지 생각해 봐야겠다.

② 태형: 아름다움 속에 도덕적인 상황이 포함되는 경우를 찾아봐야겠어.

③ 세린: 사람들이 감각에 만족을 주는 아름다움을 더 선호하는지, 선한 것 에서 오는 아름다움을 더 선호하는지 알아보고 싶어.

④ 유정: 소방관이 불과 맞서 싸운 후 느껴지는 아름다움은 어떤 감각에서 드러나는지 생각해 볼래.

6 보기 의 말을 모두 사용하여 이 글의 주제문을 완성해 보세요.

> **보기**
>
> 다를 수 있는　　　사람마다
>
> 아름다움은　　　주관적인 표현입니다

주제문 ▶ ____ .

주민등록번호의 의미

» 다음 뜻을 가진 낱말을 보기 에서 찾아 빈칸에 알맞게 넣어 보세요.

1. 어느 사물에만 특별히 있거나 본래부터 지니고 있음.

보기

고유

고정

예 가야금은 우리나라 ☐☐의 전통 악기입니다.

2. 사물의 성질이나 종류를 알아서 구별함.

보기

식별

차별

예 위조 지폐는 눈으로 ☐☐해내기 어려울 정도로 정확하고 치밀합니다.

3. 어떤 일에 직접 관계가 있거나 해당하는 사람.

보기

타인

본인

예 투표는 투표권을 가지고 있는 ☐☐이/가 직접 해야 합니다.

우리나라에 사는 사람이라면 누구나 주민등록번호를 가지고 있어. 내가 가진 주민등록번호의 의미에 대하여 자세히 알아보자!

QR코드를 찍어서 지문을 들어 보세요.

» 다음 글을 읽고 물음에 답하세요.

질문 주민등록번호란 무엇인가요?

(가) **답변** 주민등록번호는 대한민국 국민에게 부여된 고유한 등록 번호로 공공 및 ◆민간에서 개인을 증명하는 고유 식별 정보입니다.

질문 주민등록번호는 언제부터 사용되었나요?

(나) **답변** 1968년에 ◆간첩을 색출하는 방법으로 전 국민에게 주민등록번호가 부여되면서 사용되기 시작하였습니다.

질문 주민등록번호 각 자리의 의미는 무엇인가요?

답변 주민등록번호는 총 13자리의 숫자로, 다음과 같은 의미가 있습니다.

ㄱㄴㄷㄹㅁㅂ − ㅅㅇㅈㅊㅋㅌㅍ

(다) ㄱㄴㄷㄹㅁㅂ은 개인의 생년월일을 나타낸 것으로, 2000년 1월 1일 날 태어난 사람에게는 000101의 번호가 부여됩니다. ㅅ은 사람의 성별을 나타낸 것으로 1900년~1999년에 태어난 남성은 1, 여성은 2로 표기하고 2000년~2099년에 태어난 남성은 3, 여성은 4로 표기합니다. ㅇㅈㅊㅋ은 지역 코드로, 이것은 출생 신고를 처음 한 지역을 의미합니다. ㅌ은 출생 신고를 한 곳에서 출생 신고를 한 순서이며, ㅍ은 주민등록번호에 오류가 없는지 확인하는 검증 번호입니다.

질문 주민등록번호는 어디에 이용되나요?

(라) **답변** 일반적으로는 본인 확인을 할 때 주로 사용됩니다. ㉠ 동사무소를 방문하거나 휴대 전화 가입 등 본인 확인의 절차가 필요할 경우 많이 이용됩니다.

◆ **민간** 관청이나 정부 기관에 속하지 않음.

◆ **습격** 갑자기 상대편을 덮쳐 공격함.

◆ **간첩** 한 국가나 단체의 비밀이나 상황을 몰래 알아내어 경쟁 관계에 있는 국가나 단체에 제공하는 사람.

1 이 글은 무엇에 대한 글인가요?

2 이 글의 내용과 일치하지 <u>않는</u> 것은 무엇인가요? ──────── [   ]

① 주민등록번호는 대한민국 국민에게 부여된다.

② 주민등록번호는 총 12자리의 숫자로 이루어져 있다.

③ 주민등록번호를 통해 개인의 생년월일을 알 수 있다.

④ 주민등록번호는 간첩을 색출하기 위해 사용되기 시작했다.

3 다음 정보를 바탕으로 주민등록번호를 완성해 보세요.

> ㄱ. 이 사람은 여자입니다.
>
> ㄴ. 이 사람은 1996년에 태어났습니다.
>
> ㄷ. 이 사람의 생일은 5월 25일입니다.

4 ㉠에 들어갈 알맞은 연결어는 무엇인가요? ──────── [   ]

① 그래서   ② 그러나

③ 왜냐하면   ④ 예를 들어

5 ㉮~㉣ 중 다음 기사와 관련된 내용이 나타난 부분은 어디인가요? ──────── [   ]

청와대 습격당하다!

1968년 1월 21일 일요일, 북한 소속 특수 요원 31명이 당시의 대통령을 제거하기 위하여 청와대를 습격하였다. 1월 13일, 이들은 청와대 습격에 관한 지시를 받고 사흘 후인 1월 16일 밤 10시에 청와대로 향하였다. 5일 만에 청와대 부근에 닿은 특수 요원들은 경찰에게 ◆저지당하자 총기를 난사하고 수류탄을 던지고 뿔뿔이 도망쳤으나 인근 산에서 체포되었다. 이들의 본래 목적은 실패하였으나 이 사건으로 부상자가 다수 발생하였으며, 아까운 사람들의 목숨을 앗아간 끔찍한 사건이었다.

◆ **저지** 막아서 못하게 함.

① ㉮　　　　　② ㉯　　　　　③ ㉰　　　　　④ ㉱

6 보기 의 낱말을 모두 사용하여 이 글의 중심 내용을 정리해 보세요.

> 보기
>
> 본인 확인　　　대한민국　　　색출

주민등록번호는 ⁽¹⁾ [   ] 국민에게 부여된 고유한 등록번호로, 간첩을 ⁽²⁾ [   ] 하는 방법으로 전 국민에게 주민등록번호가 부여되면서 사용되기 시작하였다. 주민등록번호는 총 13자리의 숫자로, 자리마다 의미가 담겨 있으며, 주로 ⁽³⁾ [   ] 이/가 필요할 경우 이용된다.

12회 우리가 사용하는 일회용품

독해가 쉬워지는 낱말

» 다음 뜻을 가진 낱말을 보기 에서 찾아 빈칸에 알맞게 넣어 보세요.

1. 다시 씀.

보기

재활용

재구성

예 종이, 플라스틱은 ☐☐☐이/가 가능합니다.

2. 어떤 사물이나 사실을 실제와 다르게 생각함.

보기

착오

착각

예 "오늘은 목요일인데 잠시 화요일인 줄 ☐☐했어."

3. 넓은 바다를 통틀어 이르는 말.

보기

해양

자연

예 미역은 ☐☐ 식물입니다.

독해가 쉬워지는 한마디

일회용품이란 한번 사용하고 버리기 위해 만들어진 빨대, 포크, 나무젓가락 등을 말해. 일회용품은 생활을 편리하게 하기 위해서 만들어 졌지만, 최근에는 사용을 금지하고 있대. 그 까닭이 무엇인지 글을 읽고 알아보자!

» 다음 글을 읽고 물음에 답하세요.

QR코드를 찍어서 지문을 들어 보세요.

우리는 생활 속에서 얼마나 많은 일회용품을 쓸까요? 가족들과 함께 공원에 소풍 갔을 때를 생각해 보세요. 보통 김밥이나 도시락을 먹으며 일회용 나무젓가락을 사용합니다. 또 음료수를 마실 때 플라스틱 컵과 빨대를 자주 사용합니다. 이렇게 한 번 쓰고 버려지는 일회용품들이 엄청난 환경 문제를 일으키고 있습니다.

먼저 일회용품은 해양 생태계를 파괴합니다. 일회용품 대부분은 재활용되지 않은 채 태워지거나 땅속에 묻힙니다. 그중 일부는 바다로 그대로 흘러들어 갑니다. 그러면 새나 펭귄, 물개 등이 이것을 먹이로 착각하고 삼킵니다. 지난 2015년에는 콧구멍에 플라스틱 빨대가 낀 바다거북이가 발견된 일도 있었습니다. 이렇게 죽어가고 있는 해양 생물들이 점점 늘고 있습니다.

더 심각한 문제는 버려진 일회용품들이 다시 우리 먹거리로 되돌아온다는 것입니다. 플라스틱이나 스티로폼은 잘 썩지 않고, 모래알처럼 잘게 부서집니다. 이러한 미세 플라스틱은 생선의 몸에 쌓이고, 그 생선이 다시 우리 밥상으로 올라와 우리의 건강을 해칩니다.

지금 전 세계에서 일회용품 사용을 줄이자는 ㉠움직임이 일고 있습니다. 일회용품이 환경과 동물, 그리고 사람의 생명까지 위협하고 있기 때문입니다. 우리도 생활 속에서 일회용품 사용을 줄여 사람과 동물 모두가 살아가는 환경을 지켜나갑시다.

1 이 글은 무엇에 대해 쓴 글인가요? ────────────────── [　　]

① 전 세계인의 화합

② 일회용품 줄이기

③ 해양 생태계 보존

④ 우리 먹거리의 유래

2 이 글을 읽고 내용에 어울리는 말을 한 친구는 누구인가요? ⋯⋯⋯⋯⋯⋯⋯ [   ]

① 준혁: 밥상에 생선 반찬이 나오면 먹지 말아야겠어.

② 창연: 가족들과 함께 공원으로 소풍을 가면 안 되겠어.

③ 미라: 바다에 사는 동물들을 사랑하는 마음을 가져야겠다.

④ 서연: 일회용품을 사용하지 않아야 환경이 살아날 거야.

3 이 글을 통해 답할 수 있는 질문은 무엇인가요? ⋯⋯⋯⋯⋯⋯⋯⋯⋯⋯⋯ [   ]

① 일회용품은 환경, 동물, 사람 중 누구를 더 위협하고 있나요?

② 전 세계에서 일회용품 사용을 줄이고 있는 이유는 무엇인가요?

③ 생선에 잘게 부서진 플라스틱이 쌓였는지 어떻게 알 수 있나요?

④ 일회용품 때문에 죽어가고 있는 해양 생물의 수는 얼마나 되나요?

4 다음 문장에서 ㉠과 같은 의미로 사용된 것은 무엇인가요? ⋯⋯⋯⋯⋯ [   ]

① 차의 <u>움직임</u>이 좋지 않아 정비를 받았다.

② 풀숲에 숨은 너구리의 <u>움직임</u>을 먼 발치에서 보았다.

③ 어제 우리반에서 고운말을 사용하려는 <u>움직임</u>이 있었다.

④ 집에 도착해 보니 반려견 슈가의 <u>움직임</u>이 평소와 달랐다.

5 다음은 지훈이의 일기입니다. 이 글로 보아 적절하지 <u>않은</u> 내용은 무엇인가요?

[   ]

> 오늘 본 뉴스에 바닷가에서 죽어가는 새가 나왔다. 그 새의 배가 불룩 튀어나와서 먹이를 많이 먹은 것인 줄 알았다. 하지만 ①새는 비닐봉지와 작은 플라스틱 조각들을 먹어서 그렇게 된 것이었다. ②플라스틱 조각은 바다에서 더 잘게 부서져서 동물이 먹게 되는 경우가 많다고 한다. ③나는 앞으로 새들이 쓰레기를 먹지 않도록 ④일회용품을 쓴 다음 꼭 분리수거를 해서 동물들이 고통받지 않게 해야겠다.

6 다음은 이 글을 주장과 근거로 요약한 것입니다. 보기 의 낱말을 모두 사용하여 빈칸에 알맞게 넣어 보세요.

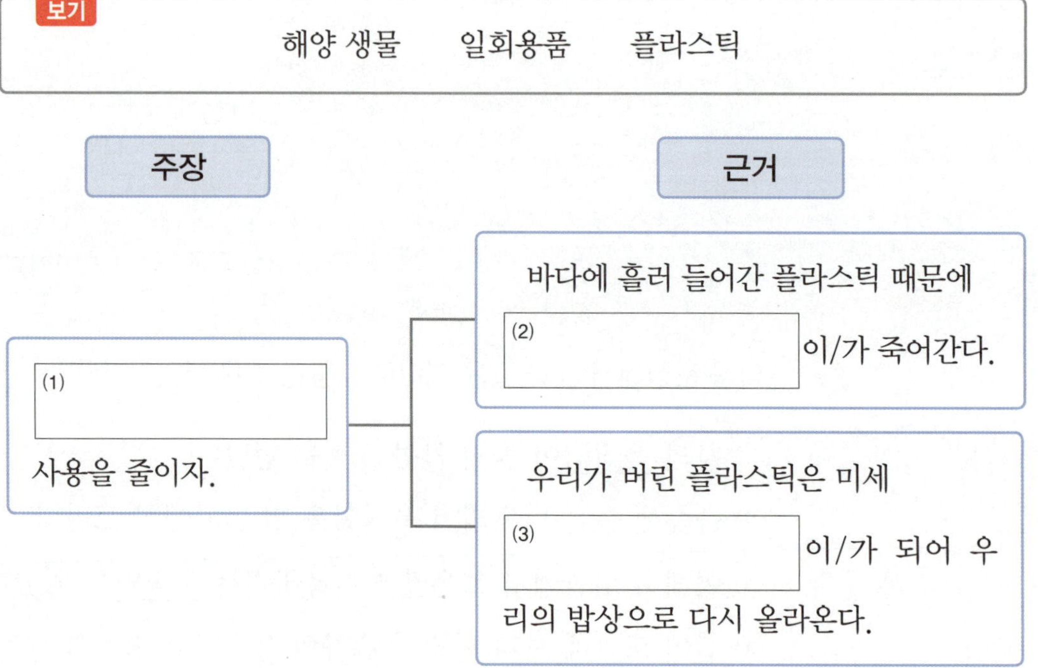

독해 적용

13회 윈도 브러시 _ 조두현

» 다음 뜻을 가진 낱말을 보기 에서 찾아 빈칸에 알맞게 넣어 보세요.

1. 이런저런 여러 가지.

보기

온갖

전체

예 이번 전시회에는 [ ][ ] 꽃들이 전시될 예정입니다.

2. 다른 빛깔의 점이나 자국이 남아 더러워짐.

보기

기름(지다)

얼룩(지다)

예 아침식사를 하다 김치를 흘려서 옷이 [ ][ ] 졌습니다.

3. 맑고 환하고 깨끗함.

보기

말끔(하다)

담백(하다)

예 오늘 청소를 해서 방이 [ ][ ] 해졌습니다.

만약 자동차에 있는 윈도 브러시가 내 마음속에도 있다면 어떨까? 윈도 브러시로 말끔하게 닦고 싶은 것은 무엇인지 떠올리며 시를 읽어 보자.

QR코드를 찍어서 지문을 들어 보세요.

» 다음 시를 읽고 물음에 답하세요.

윈도 브러시

조두현

빨리빨리 달릴수록
빗줄기가 굵을수록
㉠더욱더 신이 나서
세수하는 자동차 손
내 마음
작은 창에도
㉡◆브러시를 달았으면!

빗방울이 ㉢토닥토닥
유리창을 두드릴 때
쓱싹쓱싹 지우면
밝아지는 마음의 창
얼룩진
온갖 생각이
말끔하게 닦이게

◆ 브러시 먼지나 때를 쓸어서 지우거나 떨어뜨릴 때 쓰는 도구.

1 이 시는 무엇에 대하여 쓴 시인가요? ─────────── [   ]

① 손   ② 얼룩   ③ 유리창   ④ 윈도 브러시

2 이 시의 내용으로 보아 ㉠이 의미하는 것은 무엇인가요? ───── [   ]

① 비가 더 신나게 온다.
② 내 마음이 더 신난다.
③ 자동차가 더 빨리 달린다.
④ 윈도 브러시가 더 빨리 움직인다.

3 말하는 이가 ㉡과 같이 생각한 까닭은 무엇인가요? ───── [   ]

① 비를 맞기 싫어서
② 내 마음을 닦고 싶어서
③ 말끔하게 세수를 하고 싶어서
④ 내 옷의 얼룩을 지우고 싶어서

4 ㉢의 감각적 표현은 무엇인가요? ─────────── [   ]

① 시각   ② 청각   ③ 촉각   ④ 후각

5 다음은 자동차와 '나'를 비유한 것을 표로 나타낸 것입니다. (가), (나)에 들어갈 낱말은 무엇인가요? ─────────────────────── [   ]

자동차		'나'
(가)	➡	내 마음의 창
빗방울	➡	(나)

	(가)		(나)
①	윈도 브러시	–	손
②	유리창	–	얼룩진 온갖 생각
③	유리창	–	세수
④	윈도 브러시	–	얼룩진 온갖 생각

6 이 시를 읽고 친구들이 대화를 나누었습니다. 시의 내용과 <u>다른</u> 생각을 가진 친구는 누구인가요? ─────────────────── [   ]

① 예원: 어제 친구랑 싸웠는데, 친구에게 사과하고 말끔히 잊고 싶어.

② 동현: 난 어릴 적 크게 다친 적이 있어. 이젠 그 기억을 지우고 싶어.

③ 연지: 난 어릴 때 물건을 훔쳐 부모님께 크게 혼난 적이 있어. 그래서 아직도 부모님이 미워.

④ 태우: 놀이공원에서 부모님을 잃어버린 적이 있는데, 아직도 놀이공원에 가면 기억이 나. 이제는 그런 생각이 안 들었으면 좋겠어.

독해 적용 14회

암호의 기원

» 다음 뜻을 가진 낱말을 보기 에서 찾아 빈칸에 알맞게 넣어 보세요.

1. 숨기어 남에게 드러내거나 알리지 말아야 할 일.

보기

비결

비밀

예 나는 그 일에 대하여 죽을 때까지 ☐☐을/를 지키기로 다짐하였습니다.

2. 우리 편 군대.

보기

아군

적군

예 전쟁에서 승리하기 위해서는 ☐☐의 작전을 적에게 들켜서는 안 됩니다.

3. 비밀이나 정보가 밖으로 새어 나감.

보기

누설

누수

예 비밀이 다른 사람에게 ☐☐되지 않도록 조심해야 합니다.

'암호'라는 용어는 그리스어의 비밀이란 뜻을 가진 '크립토스(Cryptos)'에서 비롯되었다고 해. 어떻게 해서 암호가 생겨났으며, 우리 주변의 암호에는 어떤 것이 있는지 함께 알아보자.

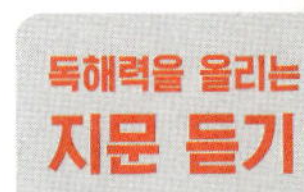

» 다음 글을 읽고 물음에 답하세요.

QR코드를 찍어서 지문을 들어 보세요.

이 문장의 뜻을 아시겠습니까? 이 문장은 'How are you?(잘 지냈니?)'라는 뜻으로, 원래의 알파벳을 그대로 쓰지 않고, 한 자리 뒤의 알파벳을 이용하여 비밀스럽게 만든 것입니다. 이렇게 비밀스럽게 만든 문장을 '암호'라고 합니다. 정확하게 말하면, 암호란 비밀 유지를 위하여 당사자끼리만 알 수 있도록 꾸민 부호나 신호를 말합니다. 그렇다면 왜 암호를 만들기 시작했을까요?

오랜 역사 속에서 인류는 수많은 전쟁을 벌여왔습니다. 식량과 ◆자원이 부족하던 시대에 전쟁은 인류가 살아남기 위해 반드시 필요한 과정이었으며, 시대가 변함에 따라 종교 ◆갈등 등의 다양한 까닭으로 전쟁이 일어났습니다. 전쟁에서 이기기 위하여 아군의 중요한 정보가 적에게 누설되지 않도록 지키는 것은 아주 중요한 일이었습니다. 이러한 상황에서 아군의 정보를 안전하게 전달하기 위한 방법으로 암호가 생겨나게 된 것입니다.

최초의 암호는 스파르타 시대의 ㉠스키테일 암호입니다. 스키테일 암호는 종이나 얇은 천을 길게 잘라서 나무막대에 ◆사선으로 감은 뒤 그 위에 세로로 쓰여 있는 글자를 해석하는 방식입니다. 전쟁이 ◆빈번하게 일어났던 스파르타 시대에는 왕이 전쟁에 나가는 장군에게 일정한 크기의 막대를 주고, 명령을 내릴 때마다 스키테일을 이용한 암호문을 보냈다고 합니다.

이렇듯 암호는 오랜 전쟁의 역사 속에서 생겨난 것입니다. 이후 가능한 한 가장 안전한 암호를 만들어 내기 위하여 다양한 기법의 암호를 만들기 시작하였습니다. 요즘은 컴퓨터 사용이 활발해지면서 바코드, 이메일 등 컴퓨터를 이용한 암호 기술이 우리 생활 곳곳에서 다양하게 활용되고 있습니다.

◆ **자원** 인간 생활에서 가치 있게 쓰이는 것들.　　◆ **갈등** 서로 적대시하거나 충돌함.

◆ **사선** 비스듬하게 비켜 그은 줄.　　◆ **빈번하다** 일어나는 횟수가 매우 잦음.

1 이 글에서 다루고 있지 <u>않은</u> 내용은 무엇인가요? ──────── [   ]

① 최초의 암호 　　　　　② 암호의 의미

③ 암호의 기원 　　　　　④ 암호의 단점

2 이 글의 내용과 <u>다른</u> 것은 무엇인가요? ──────────── [   ]

① 바코드, 이메일 등에도 암호 기술이 사용되고 있다.

② 스파르타 시대에는 전쟁이 빈번하게 일어났다.

③ 전쟁에서 아군의 정보를 지키는 것은 아주 중요하다.

④ 암호는 여러 사람이 알 수 있도록 만든 부호나 신호를 말한다.

3 다음은 ㉠과 관련된 암호문입니다. 암호문을 해석하여 암호에 담긴 뜻을 써 보세요.

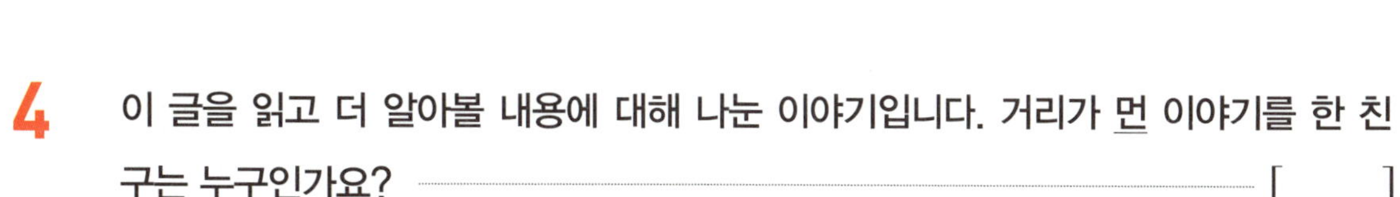

____

____

4 이 글을 읽고 더 알아볼 내용에 대해 나눈 이야기입니다. 거리가 <u>먼</u> 이야기를 한 친구는 누구인가요? ──────────── [   ]

① 유진: 컴퓨터를 이용한 암호 기술에 대하여 더 알아보고 싶어.

② 지혜: 암호의 종류에는 어떤 것들이 있는지 더 알아보고 싶어.

③ 민지: 전쟁의 승리를 위하여 사용된 무기에 대하여 더 알아보고 싶어.

④ 혁수: 바코드, 이메일에서 암호가 어떻게 이용되었는지 더 알아보고 싶어.

5 에서 알맞은 낱말을 골라 원인과 결과를 나타낸 표를 완성해 보세요.

보기

| 전쟁   정보   암호   안전   컴퓨터 |

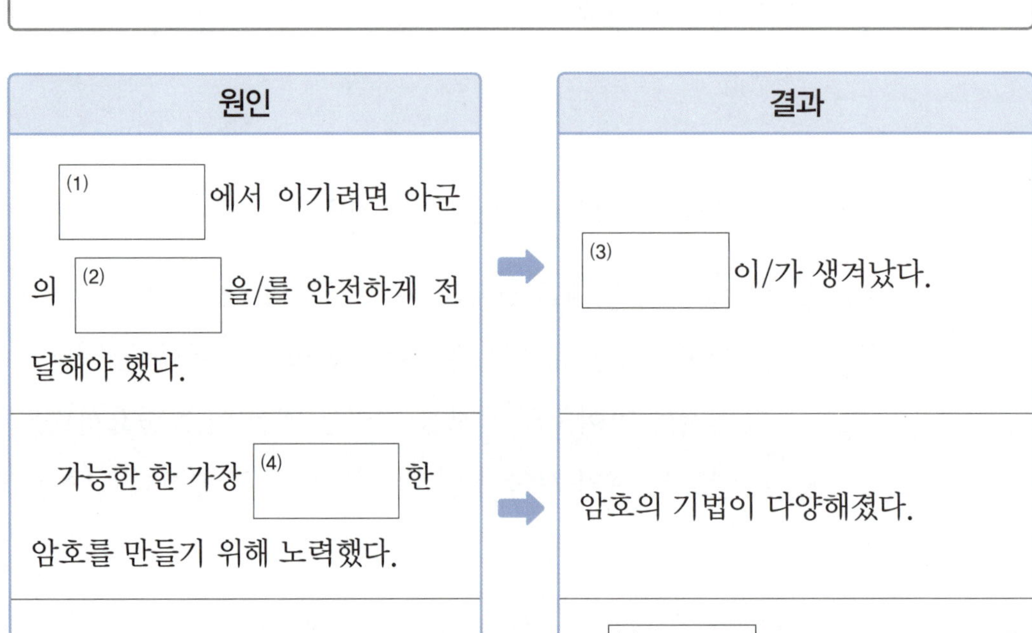

원인	결과
(1) □ 에서 이기려면 아군의 (2) □ 을/를 안전하게 전달해야 했다.	➡ (3) □ 이/가 생겨났다.
가능한 한 가장 (4) □ 한 암호를 만들기 위해 노력했다.	➡ 암호의 기법이 다양해졌다.
컴퓨터의 사용이 활발해졌다.	➡ (5) □ 을/를 이용한 암호 기술이 발달하게 되었다.

6 다음은 이 글의 내용을 한마디로 요약한 것입니다. 의 낱말을 모두 사용하여 완성해 보세요.

보기

| 전달하기   정보를   아군의   안전하게 |

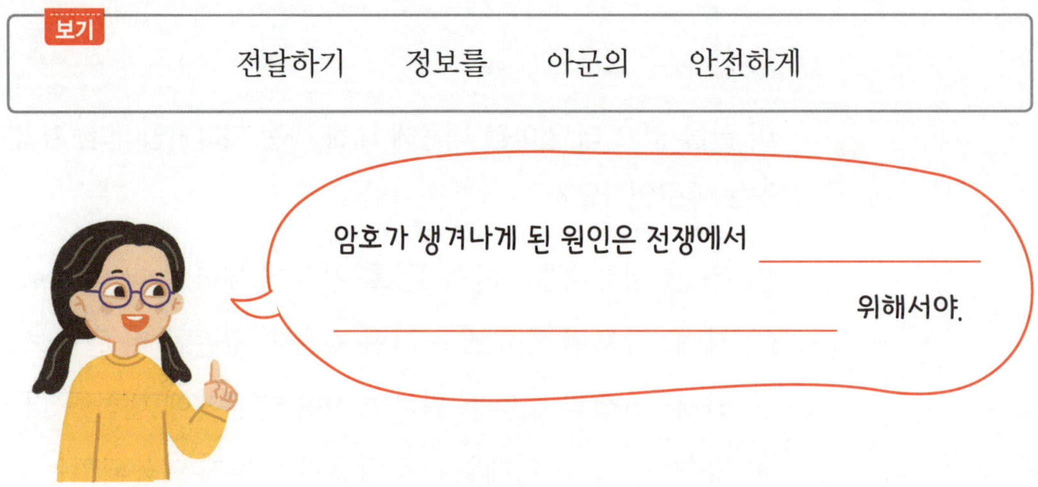

독해 적용

15회 그랑드 자트 섬의 일요일 오후

독해가
쉬워지는
낱말

» 다음 뜻을 가진 낱말을 **보기**에서 찾아 빈칸에 알맞게 넣어 보세요.

1. 기술이나 솜씨를 나타내는 방법.

보기

해법

기법

예 그 영화는 독특한 촬영 ☐☐이/가 사용되었습니다.

2. 뛰어나거나 색다른 점이 없이 보통임.

보기

평범(하다)

비범(하다)

예 나는 오늘도 평소와 다를 것 없는 ☐☐한 하루를 보냈습니다.

3. 뒤섞어서 한데 합함.

보기

혼합

혼동

예 오곡밥은 쌀, 콩, 보리, 조, 팥 등의 다섯 가지 잡곡을 ☐☐하여 만듭니다.

독해가
쉬워지는
한마디

'점묘법'이라는 말을 들어봤니? 점묘법을 활용한 그림은 착시 효과를 일으킨대. 쇠라의 「그랑드 자트 섬의 일요일 오후」를 다룬 감상문을 읽고 점묘법이 무엇인지 알아보자.

독해력을 올리는 지문 듣기

QR코드를 찍어서 지문을 들어 보세요.

» **다음 글을 읽고 물음에 답하세요.**

오늘 미술 시간에 선생님께서 쇠라의 「그랑드 자트 섬의 일요일 오후」라는 그림을 보여 주셨다. ㉠그림을 멀리서 보았을 때, 그저 평범한 한 편의 풍경화라고 생각했다. 그러나 선생님께서는 그림에 엄청난 비밀이 숨겨져 있다고 말씀하셨다.

▲ 쇠라의 「그랑드 자트 섬의 일요일 오후」

쇠라는 ㉡◆무려 2년이 넘는 긴 시간에 걸쳐 이 그림을 완성했다. 그림을 그리는 데 오랜 시간이 걸린 까닭은 바로 '점묘법'으로 그림을 그렸기 때문이다. 점묘법이란, 붓이나 펜으로 점을 찍어 그림을 그리는 기법이다. ㉢다양한 색의 작은 점을 찍은 그림을 멀리서 보면, 눈이 색을 혼합하여 하나의 색으로 보게 된다. 예를 들어, 수많은 빨간색 점과 파란색 점을 찍고 멀리서 보면 보라색으로 보이게 되는 것이다.

㉣이 그림은 색이 아주 밝고 화사하게 느껴진다. 특히 빛이 주는 느낌을 잘 표현했다는 생각이 들었다. 쇠라는 바로 이런 효과를 얻기 위해 점묘법으로 그림을 그렸다고 한다. ㉤물감은 섞을수록 색이 ◆탁해져 빛이 주는 밝은 느낌을 효과적으로 나타내기 어렵기 때문에 쇠라는 빛을 효과적으로 표현하기 위해 물감을 섞기보다는 점을 찍어 색을 혼합하는 방법을 택한 것이다.

나도 점묘법을 활용하여 그림을 그려보았는데, 작은 스케치북에 그림을 완성하는 것도 무척이나 힘들었다. 그런데 쇠라는 2년이 넘는 시간 동안 세로 2미터, 가로 3미터나 되는 큰 캔버스에 점묘법으로 그림을 그렸다니 ㉥새삼 그의 ◆끈기와 ◆집중력이 대단하다고 생각했다. 나도 쇠라처럼 모든 일에 끈기와 집중력을 가지고, 목표한 것을 멋지게 이루어내는 사람이 되고 싶다.

◆ **무려** 그 수가 예상보다 상당히 많음.

◆ **끈기** 쉽게 단념하지 아니하고 끈질기게 버티어 나가는 기운.

◆ **탁하다** 다른 것이 섞여서 맑지 않음.

◆ **집중력** 마음이나 주의를 집중할 수 있는 힘.

1 이 글의 중심 내용은 무엇인가요? —————————— [   ]

① 「그랑드 자트 섬의 일요일 오후」 그림의 크기

② 「그랑드 자트 섬의 일요일 오후」 그림을 그린 까닭

③ 점묘법을 활용해 그린 「그랑드 자트 섬의 일요일 오후」

④ 많은 의미가 숨겨져 있는 「그랑드 자트 섬의 일요일 오후」 그림

2 이 글을 읽고 답할 수 <u>없는</u> 질문은 무엇인가요? —————————— [   ]

① 점묘법으로 보라색은 어떻게 표현하나요?

② 쇠라가 점묘법으로 그림을 그린 까닭은 무엇인가요?

③ 「그랑드 자트 섬의 일요일 오후」를 그린 사람은 누구인가요?

④ 「그랑드 자트 섬의 일요일 오후」 그림의 배경은 언제인가요?

3 ㉠～㉺을 사실과 의견으로 구분하여 써 보세요.

사실	의견
(1)	(2)

4 「그랑드 자트 섬의 일요일 오후」에 대한 설명으로 옳지 <u>못한</u> 것은 무엇인가요?

—————————— [   ]

① 다양한 색의 작은 점을 찍어 그린 그림이다.

② 그림이 완성되기까지 2년이 넘는 시간이 걸렸다.

③ 세로 2미터, 가로 3미터의 캔버스에 그린 그림이다.

④ 물감을 섞을수록 색이 탁해짐을 이용하여 그린 그림이다.

5 다음 대화의 빈칸에 들어가기에 알맞은 말은 무엇인가요? ⸺⸺⸺⸺ [   ]

> 시우: 우와! 현정아, 너 정말 그림을 잘 그리는구나!
>
> 현정: 고마워. 너도 잘 그렸는걸.
>
> 시우: 나는 색칠이 너무 어려워. 햇볕이 내리쬐는 풍경을 밝은색으로 표현하고 싶은데 물감을 섞으니 색이 점점 탁해지기만 해.
>
> 현정: 그럼 ＿＿＿＿＿＿＿. 이 방법을 사용하면 빛이 주는 밝은 느낌을 효과적으로 표현할 수 있을 거야!

① 흰색 물감을 더 많이 섞어 봐

② 다양한 색의 작은 점을 찍어 봐

③ 그림 주제를 밤의 풍경으로 바꿔 봐

④ 물감 말고 파스텔을 이용해서 색칠해 봐

6 **보기**의 낱말을 모두 사용하여 이 글의 중심 내용을 완성해 보세요.

> **보기**
>
> 빛   쇠라   밝은   점묘법

> (1) [＿＿＿＿] 가 그린 「그랑드 자트 섬의 일요일 오후」는 (2) [＿＿＿＿] 을/를 활용하여 (3) [＿＿] 이/가 주는 (4) [＿＿＿] 느낌을 효과적으로 표현하고 있다.

독해 적용

16회 살아있는 화석

» 다음 뜻을 가진 낱말을 보기 에서 찾아 빈칸에 알맞게 넣어 보세요.

1. 오랜 시간이 지나도 달라지지 않고 어떤 상태 그대로 있는 것. 또는 동식물의 시체나 흔적이 암석 속에 그대로 남아있는 것.

보기

유물

화석

예 암모나이트는 쥐라기 시대의 대표적인 ☐☐입니다.

2. 생물체가 생명을 유지하여 나가는 힘.

보기

생명력

생활력

예 선인장은 강한 ☐☐☐을/를 지니고 있어 잘 죽지 않습니다.

3. 생물이 과거에서부터 현재에 이르기까지 점차 변화해 옴.

보기

진화

멸종

예 인간이 지금과 같은 모습으로 ☐☐하는 데에는 수 만년의 시간이 걸렸습니다.

　　공룡이 살기 전부터 지금까지 같은 모습으로 살아가고 있는 생명체에는 무엇이 있을까? '살아있는 화석'에 대한 글을 읽고 화석의 역할을 알아보자.

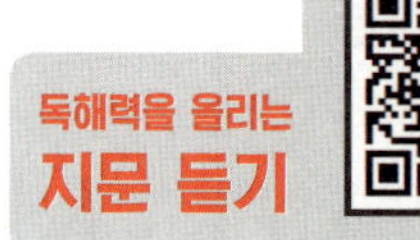

QR코드를 찍어서 지문을 들어 보세요.

» **다음 글을 읽고 물음에 답하세요.**

가 아주 오래전 지구에서 살았던 동물이나 식물이 땅속에 묻혀 화석으로 발견되는 경우가 있습니다. 수억, 수천만 년 전에 살았던 생물들은 대부분 그 모습이 바뀌었거나 [*]멸종되었습니다. 그런데 현재 살아있는 모습이 화석과 똑같은 생물도 있습니다. 이러한 생물들을 '살아있는 화석'이라고 합니다.

나 살아있는 화석의 대표적인 식물은 바로 은행나무입니다. 은행나무는 약 2억 7천 년 전의 화석과 지금의 모습이 똑같습니다. 이는 은행나무가 수억 년 동안 지구의 [*]지각 변동과 기후 변화를 견딜 정도로 강한 생명력을 가졌다는 증거입니다.

다 파리 또한 살아있는 화석의 대표적인 곤충입니다. 파리는 약 2억 3천 년 전의 [*]호박 화석에서 발견되었습니다. 호박 화석에서 발견된 파리의 모습은 지금과 ㉠비슷합니다. 특히 둘 다 한 쌍의 날개가 있으며, 비행할 수 있는 구조를 갖추고 있습니다. 지금의 파리처럼 당시의 파리도 날 수 있었다는 것을 알 수 있습니다.

라 이렇듯 살아있는 화석은 수십억 년 전 지구의 환경을 연구하거나 생물의 진화 과정을 밝히는 데에 중요한 역할을 합니다.

◆ **멸종** 생물의 한 종류가 완전히 없어짐.

◆ **지각** 지구의 바깥쪽을 차지하는 부분.

◆ **호박** 지질 시대 나무의 진액이 땅속에 묻혀서 탄소, 수소, 산소와 화합하여 굳어진 누런색 광물.

---

1 이 글의 가장 중심이 되는 낱말은 무엇인가요?

2 각 문단의 중심 내용이 바르게 연결되지 <u>않은</u> 것은 무엇인가요? ──────── [　　]

① **가**: 살아있는 화석의 의미

② **나**: 살아있는 화석을 구별하는 방법

③ **다**: 살아있는 화석의 예

④ **라**: 살아있는 화석의 역할

3 이 글의 내용과 <u>다른</u> 것은 무엇인가요? ──────────────── [　　]

① 은행나무는 생명력이 강하다.

② 현재 살아있는 모습이 화석과 똑같은 생물은 없다.

③ 파리는 약 2억 3천 년 전 호박 화석에서 발견되었다.

④ 호박 화석 속 파리와 지금의 파리는 한 쌍의 날개가 있다.

4 다음 중 ㉠과 바꾸어 쓸 수 있는 말은 무엇인가요? ──────────── [　　]

① 유사합니다　　　　　　　② 똑같습니다

③ 반대됩니다　　　　　　　④ 조화됩니다

5 나 문단에서 알맞은 낱말을 찾아 원인과 결과를 나타낸 표의 빈칸을 채워 보세요.

원인
은행나무는 ⁽¹⁾ ☐☐ ☐☐ 와/과 기후 변화를 견딜 정도로 강한 ⁽²⁾ ☐☐☐ 을/를 가졌다.

⬇

결과
은행나무는 약 2억 7천 년 전의 화석과 지금의 모습이 ⁽³⁾ ☐☐☐.

6 보기의 말을 모두 사용하여 이 글의 중심 내용을 완성해 보세요.

보기

존재하는 생물　　현재에도　　은행나무와 파리

살아있는 화석이란 ⁽¹⁾ ☐ 과거와 같은 모습으로

⁽²⁾ ☐ 을/를 뜻하며, 대표적으로

⁽³⁾ ☐ (이)가 있다.

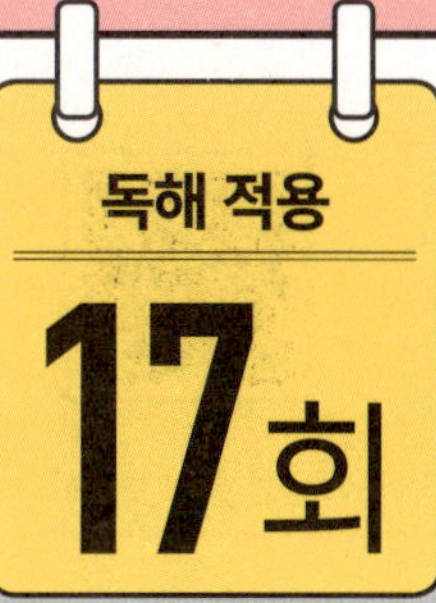

오수의 개 _ 정하섭

» 다음 뜻을 가진 낱말을 보기 에서 찾아 빈칸에 알맞게 넣어 보세요.

1. 술에 취해 정신없이 말하거나 행동하는 사람.

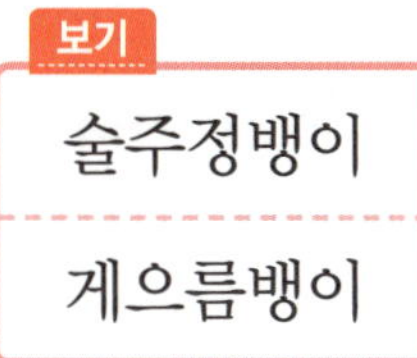

보기
술주정뱅이
게으름뱅이

예 ☐☐☐☐☐ 은/는 비틀비틀 걷다가 그만 쓰러졌습니다.

2. 걸을 때 도움을 얻기 위하여 짚는 막대기.

보기
방망이
지팡이

예 옆집 할머니는 항상 ☐☐☐ 을/를 짚고 다니십니다.

3. 정신이나 마음.

보기
넋
겁

예 모두들 ☐ 을/를 잃고 멍하니 앉아 있었습니다.

　　전라도 오수 마을에는 의로운 개에 대한 이야기가 전해져 내려오고 있대. 사람보다 더 강한 의리를 보여 준 오수의 개에 대한 이야기를 읽어 보자!

QR코드를 찍어서 지문을 들어 보세요.

» 다음 이야기를 읽고 물음에 답하세요.

옛날 어느 마을에 술주정뱅이 ◆홀아비가 살았어. 부인도, 자식도 없이 혼자서 살았지. 홀아비는 일도 하는 둥 마는 둥, 밥도 먹는 둥 마는 둥 했어. 오로지 술병만 끼고 살았지. 홀아비는 장날이면 어김없이 장에 갔어. 장터에서 친구들과 어울리는 게 유일한 즐거움이었거든. 그날도 홀아비는 친구들과 어울려 술을 마셨지. 그런데 ㉠웬 개가 다가와 홀아비를 빤히 보는 게 아니겠니? 개는 비쩍 마른 데다가 몹시 배고파 보였어.

중간 줄거리　홀아비가 개에게 먹을 것을 주자, 떠돌이 개가 홀아비를 따라와 홀아비 집에서 살게 되었다. 홀아비는 개에게 '헐떡이'라는 이름을 붙여주었다. 어느 날, 술에 취한 홀아비가 풀밭에서 잠깐 쉬다 잠이 들었다. 야산에서 난 불이 풀밭 쪽으로 번져 오는 것을 본 헐떡이는 잠든 홀아비를 구하려 애쓰지만, 홀아비는 꿈쩍도 하지 않았다.

㉡헐떡이는 냇가로 달려갔어. 입에 물을 한껏 머금고 와서는 홀아비 둘레에 뿌렸어. 그다음에는 아예 냇물에 들어가 몸을 흠뻑 적셨어. 그리고 홀아비 둘레를 뒹굴었어. 헐떡이는 잠시도 쉬지 않고 그러기를 되풀이했지. 시간이 갈수록 점점 더 숨을 헐떡거렸지만 헐떡이는 멈추지 않았어. 헐떡이가 풀밭에 물을 뿌린 덕에 불길은 가까스로 홀아비를 비껴갔어. 헐떡이는 숨을 크게 한 번 몰아쉬더니, 정신을 잃고 홀아비 옆에 쓰러졌어.

얼마쯤 지나 잠에서 깬 홀아비는 깜짝 놀랐어. 풀밭이 온통 시커멓게 불탔는데 자기 주위만 풀이 멀쩡한 거야. 홀아비는 곁에 쓰러져 있는 헐떡이를 흔들어 깨웠지. 하지만 헐떡이는 영영 깨어나지 않았어.

ⓐ"아이고, 네가 나를 살리고 죽었구나!"

홀아비는 헐떡이를 안고 목 놓아 울었어. 홀아비는 헐떡이를 양지바른 곳에 묻어 주었어. 헐떡이가 묻힌 곳을 잊지 않으려고 그곳에 지팡이를 꽂아 두었지. 그런데 얼마쯤 지나자, 지팡이에서 싹이 나는 게 아니겠니? 그 지팡이는 커다란 느티나무가 되었어. 사람들은 주인의 목숨을 구하고 죽은 ㉢의로운 개, 헐떡이가 느티나무가 되었다고 믿었어. 그래서 그 느티나무를 오수, 곧 ㉣'개의 나무'라고 부르며 헐떡이의 넋을 기렸어. 한편, 그 뒤로 홀아비는 아주 착실하게 살았단다. 헐떡이가 준 두 번째 삶을 ◆헛되이 보내고 싶지 않았거든.

－ 정하섭, 「오수의 개」

◆ **홀아비** 아내가 죽거나 이혼하여 혼자 사는 남자.　　◆ **헛되이** 아무런 보람이나 실속이 없음.

1 이 이야기는 무엇에 대한 이야기인가요? ⎯⎯⎯⎯⎯⎯⎯⎯⎯⎯⎯ [   ]

① 홀아비   ② 느티나무   ③ 오수의 개   ④ 술주정뱅이

2 ㉠~㉣ 중 가리키는 대상이 <u>다른</u> 하나는 무엇인가요? ⎯⎯⎯⎯⎯ [   ]

① ㉠   ② ㉡   ③ ㉢   ④ ㉣

3 이 이야기의 내용과 맞는 것은 'O', 틀린 것은 '×'로 표시해 보세요.

(1) 술주정뱅이는 개의 이름을 '헐떡이'라고 지었다. ⎯⎯⎯⎯⎯⎯ [   ]

(2) 술주정뱅이는 비쩍 마른 개에게 먹을 것을 주었다. ⎯⎯⎯⎯ [   ]

(3) 술주정뱅이는 부인과 하나뿐인 자식을 제대로 돌보지 않았다. ⎯⎯ [   ]

(4) 술주정뱅이는 자신을 위해 목숨을 희생한 헐떡이를 위해 느티나무를 심
어주었다. ⎯⎯⎯⎯⎯⎯⎯⎯⎯⎯⎯⎯⎯⎯⎯⎯⎯⎯⎯⎯ [   ]

4 ⓐ에서 헐떡이에 대한 홀아비의 마음은 어떠한가요? ⎯⎯⎯⎯⎯ [   ]

① 미안함   ② 즐거움   ③ 억울함   ④ 지루함

5　이 이야기와 다음 이야기의 공통점은 무엇인가요? ──────── [　　　]

> 　옛날에 어떤 선비가 과거를 보러 가는 길에 까치 떼들이 울부짖는 것을 들었다. 선비가 살펴보니 황구렁이가 까치 새끼를 잡아먹으려고 까치집을 공격하고 있었다. 선비는 구렁이를 죽이고 까치 새끼를 구해 주었다. 그날 밤 선비가 불이 밝혀진 기와집을 보고 하룻밤 묵으려고 청하니 예쁜 처자가 선비를 맞이했다. 저녁을 먹고 잠자리에 들려 하자 예쁜 처자가 먹구렁이로 둔갑을 해서 자기 남편을 죽였다며 선비에게 복수를 하려고 했다. 그때 까치 떼들이 날아와서 종을 때리자 먹구렁이가 사라지고 선비는 과거를 보러 갈 수 있었다.
>
> 　　　　　　　　　　　　　　　　　　　　　　　　　　　　－「은혜 갚은 까치」

① 무서운 괴물이 나타나는 이야기이다.

② 동물이 사람에게 은혜를 갚은 이야기이다.

③ 주인공이 꾸준히 노력하여 성공하는 이야기이다.

④ 나쁜 사람은 벌을 받고, 착한 사람에게는 좋은 일이 생기는 이야기이다.

6　이 이야기가 일어난 차례에 알맞게 순서대로 기호를 써 보세요.

> ㄱ. 장터에서 술을 마시던 홀아비는 불쌍한 개에게 먹을 것을 주었다.
>
> ㄴ. 깨어난 홀아비는 목 놓아 울면서 헐떡이를 양지바른 곳에 묻어 주었다.
>
> ㄷ. 헐떡이는 홀아비를 구하기 위해 냇가에서 물을 적셔 홀아비 주변을 쉬지 않고 뒹굴었고, 결국 홀아비를 구한 후 죽어버렸다.
>
> ㄹ. 개는 홀아비를 따라가 홀아비 집에서 살게 되었고, 홀아비는 개에게 헐떡이라는 이름을 붙여주었다.
>
> ㅁ. 어느 날 잔뜩 취한 홀아비가 쓰러져 잠든 풀밭에 불길이 번져오기 시작했다.

ㄱ → □ → □ → □ → □

독해 적용

18회 쓰레기를 재활용할 때

독해가 쉬워지는 낱말

» 다음 뜻을 가진 낱말을 보기 에서 찾아 빈칸에 알맞게 넣어 보세요.

1. 국가나 사회 구성원들에게 두루 관련된 예의나 절차.

보기
공동 사회
공공 예절

예 ☐☐☐☐ 을/를 잘 지켜 멋진 어린이가 됩시다.

2. 폐품의 용도를 바꾸거나 가공하여 다시 사용함.

보기
재활용
재사용

예 자원 ☐☐☐ 실천은 환경을 보호하는 첫걸음입니다.

3. 쓰레기를 종류별로 나누어 내놓거나 버림.

보기
분리배출
분리수거

예 우리 가족은 일요일마다 재활용 쓰레기를 ☐☐☐☐ 합니다.

독해가 쉬워지는 한마디

　　요즘 재활용 쓰레기가 사회적으로 큰 문제가 되고 있어. 재활용 쓰레기에 관한 글을 읽고 우리도 다 함께 환경지킴이가 되어 보자!

» **다음 글을 읽고 물음에 답하세요.**

최근 재활용 쓰레기 처리 문제가 심각한 사회 문제로 떠올랐습니다. 제대로 된 방법으로 분리배출을 하지 않아서 재활용이 불가능한 쓰레기가 쌓여간다는 뉴스 기사를 쉽게 접할 수 있습니다. 저는 재활용 쓰레기를 바르게 버리는 것도 나와 다른 사람들을 위한 공공 예절 중의 하나라고 생각합니다. 그렇다면, 재활용 쓰레기를 바르게 버리려면 어떻게 해야 할까요?

㉠먼저 헹궈서 버려야 합니다. ㉡음료수 용기 안에 ◆이물질이나 음료가 남은 경우, 그대로 버리게 되면 재활용이 어렵다고 합니다. ㉢뿐만 아니라 대부분의 음료수에는 건강에 좋지 않은 성분들이 들어 있습니다. ㉣따라서 음료를 마시고 나면 물로 깨끗이 헹궈내고 말린 후 배출하는 것이 바람직합니다.

⑺ 다음은 분리해서 버려야 합니다. 예를 들어 유리병의 경우 용기에 붙은 상표 비닐이나 스티커를 ㉤제거해야 하며, 알루미늄 뚜껑같이 다른 재질로 된 뚜껑도 분리해서 버려야 합니다. 택배 상자의 경우에도 택배 스티커나 상자 테이프를 분리해서 버려야 합니다.

마지막으로 종류별로 나누어서 버려야 합니다. 재활용 쓰레기를 버리는 데에는 우리가 알고 있는 것보다 더 많은 분류 기준이 있습니다. 예를 들어 일반 종이는 종이로, 우유갑은 종이팩으로 구분하여 버려야 하며, 페트병 용기는 페트, 뚜껑은 플라스틱, 상표 비닐은 비닐로 구분하여 버려야 합니다. 지역마다 분류 기준의 개수 및 종류가 다를 수 있으므로 우리 지역에서는 어떤 기준에 따라 분리배출해야 하는지 알아두는 것이 좋습니다.

재활용 쓰레기 문제는 '재활용 ◆대란'이라고 불릴 만큼 심각한 사회 문제로 떠오르고 있습니다. 조금 귀찮더라도 재활용 쓰레기를 헹궈서, 분리해서, 종류별로 나누어서 버린다면 더 아름다운 사회, 더 깨끗한 지구를 만들 수 있습니다. 재활용 쓰레기 바르게 버리기에 우리 모두 ◆동참합시다.

◆ **이물질** 정상적이 아닌 다른 물질.

◆ **대란** 크게 일어난 난리.

◆ **동참** 어떤 모임이나 일에 같이 참여하는 것.

1 이 글에서 주장하는 것은 무엇인가요? —————————————— [　　]

① 불필요한 쓰레기를 줄이자.
② 공공 장소에서 예절을 잘 지키자.
③ 먹고 남은 음료수병은 헹궈서 버리자.
④ 재활용 쓰레기를 바르게 분리배출하자.

2 ㉠～㉣ 중 글의 흐름에 어울리지 <u>않는</u> 문장은 무엇인가요? —————— [　　]

① ㉠　　　　　　② ㉡　　　　　　③ ㉢　　　　　　④ ㉣

3 다음 중 ㉤과 바꾸어 쓸 수 <u>없는</u> 말은 무엇인가요? —————————— [　　]

① 뜯어내야　　　② 떼어 내야　　　③ 씻어 내야　　　④ 벗겨 내야

4 ㉮에서 중심 문장에는 'O', 뒷받침 문장에는 '△'로 표시해 보세요.

(1) 다음은 분리해서 버려야 합니다. ————————————————— [　　]

(2) 예를 들어 유리병의 경우 용기에 붙은 상표 비닐이나 스티커를 제거해야
　　하며, 알루미늄 뚜껑 같이 다른 재질로 된 뚜껑도 분리해서 버려야 합니
　　다. ————————————————————————————————— [　　]

(3) 택배 상자의 경우에도 택배 스티커나 상자 테이프를 분리해서 버려야 합
　　니다. —————————————————————————————————— [　　]

5 다음 재활용 쓰레기를 분리배출 방법에 따라 선으로 연결해 보세요. (1~3개 선택)

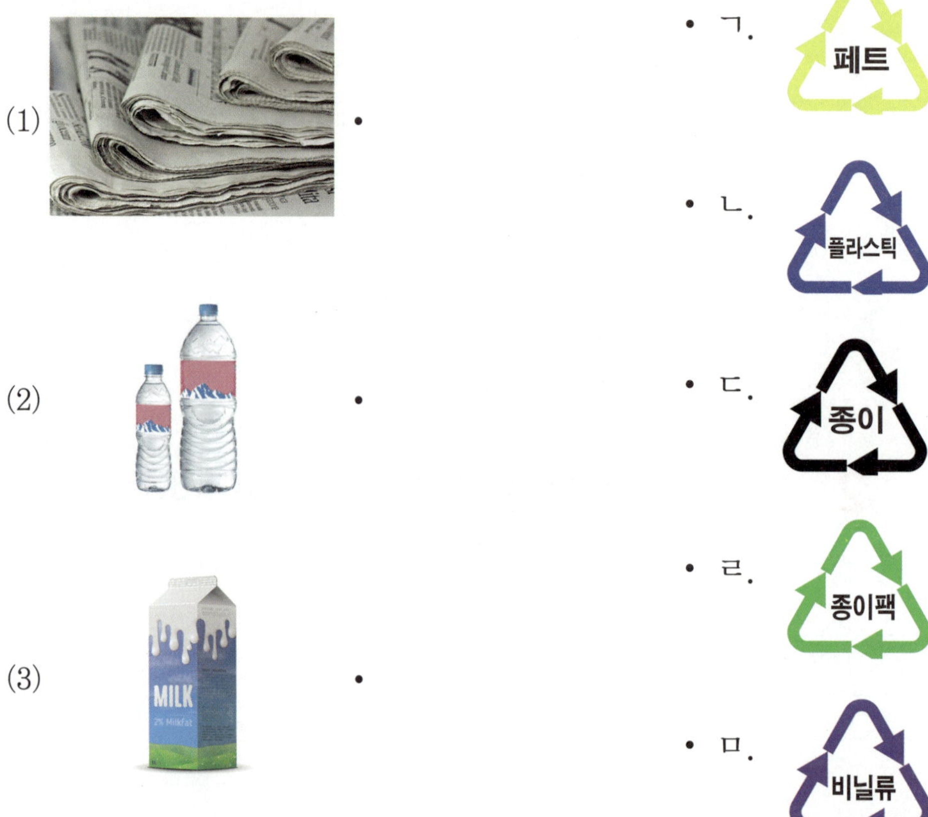

6 다음은 이 글을 요약한 내용입니다. 빈칸에 들어갈 낱말을 알맞게 써 보세요.

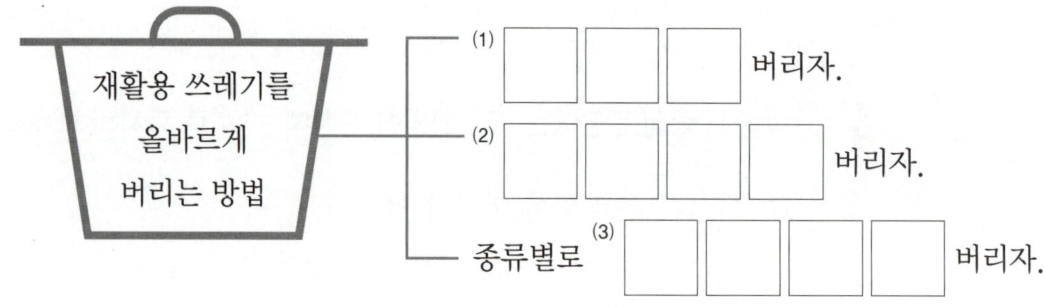

독해 적용

19회 모차르트의 일생

» 다음 뜻을 가진 낱말을 [보기]에서 찾아 빈칸에 알맞게 넣어 보세요.

1. 사람을 청하여 부름.

[보기]
초청
초과

예 나는 그의 ☐☐ 을/를 거절할 수 없어서 모임에 나갔다.

2. 누릴 수 있는 것들이 고르고 한결같음.

[보기]
평등
유사

예 모든 인간은 ☐☐ 하게 태어났습니다.

3. 어떤 한계나 표준을 뛰어넘음.

[보기]
우월
초월

예 그는 보통 사람들의 상상을 ☐☐ 하는 작품을 남겼습니다.

'음악의 신동'이 누군지 아니? 바로 세계적으로 유명한 음악작품을 남긴 모차르트야. 모차르트가 어떠한 삶을 살았는지 모차르트에 대한 글을 읽어 보자!

» **다음 글을 읽고 물음에 답하세요.**

가 음악의 천재라고 불리는 모차르트(W. A. Mozart)는 1756년 오스트리아 잘츠부르크에서 태어났습니다. 모차르트는 35년의 짧은 삶을 살았지만, 그가 남긴 음악은 오랫동안 많은 사람에게 전해지고 있습니다.

나 궁정 음악가였던 모차르트의 아버지는 어린 아들의 음악적 천재성을 알아보고, 바이올린과 피아노를 가르쳤습니다. 모차르트는 하루종일 피아노를 치면서도 즐거워했고, 다섯 살 때부터는 작곡을 하기 시작했습니다. 그때 「미뉴에트 G장조」, 「알레그로」와 같은 곡이 탄생했습니다.

다 모차르트는 아버지와 어머니, 누나와 함께 오스트리아, 독일, 프랑스 등 유럽을 다니며 연주를 했습니다. 가는 곳마다 사람들은 어린 모차르트의 연주에 감탄했고, 그런 모차르트는 여러 궁의 초청을 받기도 했습니다.

라 18세기 당시 자유를 찾으려는 세상의 변화를 느낀 모차르트는 왕족이나 귀족, 시민은 모두 평등한 사람이라고 생각했습니다. 그런데 현실에서는 그렇지 못한 대우를 받는 서민의 힘든 삶을 음악으로 알리고 싶어 했습니다. 결국 ㉠모차르트는 궁정을 나와 자신만의 음악을 하기 시작했습니다.

마 그때부터 모차르트의 곡에는 귀족에 대한 ◆비판적인 생각이 담겼습니다. 이 시기에 만든 오페라 「피가로의 결혼」, 「돈 조반니」, 「마술피리」에는 그런 의미가 드러나 있습니다.

바 안타깝게도 모차르트는 35세가 되던 해에 세상을 떠났습니다. 마지막 곡인 「레퀴엠」을 끝내 완성하지 못한 채 말입니다. 죽기 전까지도 작곡을 멈추지 않았던 천재 음악가, 모차르트도 끝내 죽음을 피하지는 못했습니다. 비록 모차르트는 짧은 삶을 살았지만 그가 만들어 낸 아름다운 곡들은 시대를 초월하여 우리에게 기억되고 있습니다.

▲ 모차르트(W. A. Mozart)

◆ **비판** 잘잘못을 따짐.

1 이 글은 어떤 종류의 글인가요? ─────────────────── [   ]

① 인물들의 이야기를 상상하여 꾸며 낸 글

② 사실을 바탕으로 인물의 삶을 소개하는 글

③ 여행하면서 보고, 듣고, 느낀 것을 표현한 글

④ 어떤 주제에 관하여 자기의 의견을 주장하는 글

2 모차르트에 대한 설명으로 알맞지 <u>않은</u> 것은 무엇인가요? ───── [   ]

① 1756년 오스트리아 잘츠부르크에서 태어났다.

② 가족들과 함께 연주여행을 했다.

③「돈 조반니」를 끝내 완성하지 못했다.

④ 35세가 되던 해 세상을 떠났다.

3 ㉠의 원인에 해당하는 것은 무엇인가요? ───────────── [   ]

① 하루종일 피아노를 치면서 즐거워했다.

② 여러 궁의 초청을 받았다.

③ 서민의 힘든 삶을 음악으로 알리고 싶어했다.

④ 죽기 전까지 작곡을 멈추지 않았다.

4 **가~라** 중 모차르트의 음악에서 변화가 일어난 부분을 설명하고 있는 문단은 어디
인가요? ──────────────────────────── [   ]

① **가**　　　　② **나**　　　　③ **다**　　　　④ **라**

5 모차르트의 이야기를 읽고 난 후, 느낀 점으로 바르지 <u>않은</u> 것은 무엇인가요?

[   ]

① 어릴 적 아버지로부터 받은 음악에 대한 영향으로 모차르트는 훌륭한 음악가가 될 수 있었어.

② 죽기 전까지도 작곡을 멈추지 않았던 모차르트의 모습을 보고 아무 생각 없이 불성실하게 살아가는 내 생활을 반성했어.

③ 가족의 사랑으로 잦은 연주의 힘듦을 극복한 모차르트처럼 나도 가족의 응원을 생각하며 피아노 연습의 어려움을 극복해야겠다.

④ 세상의 변화를 느끼고 오페라 「피가로의 결혼」, 「돈 조반니」를 만든 모차르트의 용기 있는 모습이 빛나는 예술로 탄생했다고 생각해.

6 **라** 와 **마** 문단에 나타난 모차르트와 가장 유사한 태도를 지닌 사람은 누구인가요?

[   ]

① 피겨 연습에 매진하여 전국 대회에서 우승한 이연하 씨

② 북청사자놀이를 보고 전통 문화에 대해 관심을 갖게 된 김영화 씨

③ 음악을 듣는 것을 좋아해서 매일매일 음악 방송을 시청하는 이현진 씨

④ 아프리카 어린이들이 처한 가난을 보고 느낀 점을 책으로 펴낸 김대현 씨

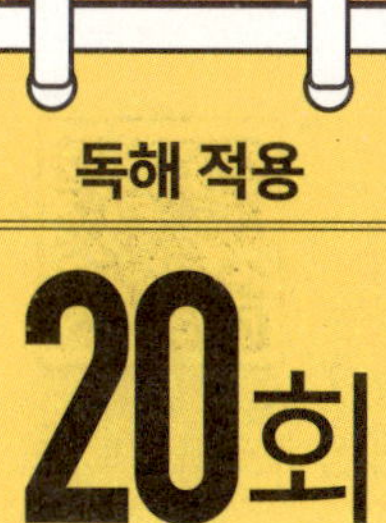

독해 적용

20회 기후에 따른 집의 모양

» 다음 뜻을 가진 낱말을 보기 에서 찾아 빈칸에 알맞게 넣어 보세요.

1. 어떤 장소에서 오랜 기간 나타나는 기온, 강수량, 바람 등의 대기 상태.

보기

기후

날씨

예 우리나라는 온대 □□ 에 속합니다.

2. 겉으로 나타나는 생김새나 모습.

보기

모양

구성

예 오늘날에는 사람들의 머리 □□ 이/가 다양해졌습니다.

3. 정한 기준에 따라 나눈 땅.

보기

지방

도시

예 우리 가족은 이번 방학에 남부 □□ (으)로 여행을 갈 계획입니다.

우리나라는 지역에 따라 기후가 다르고, 기후에 따라 집의 모양도 달라져. 지역별 기후에 따른 집의 모양에 대한 글을 읽어 보자!

QR코드를 찍어서 지문을 들어 보세요.

» **다음 글을 읽고 물음에 답하세요.**

기후는 사람들의 생활에 큰 영향을 미칩니다. 기후에 따라 사람들이 입는 옷이나 먹을거리, 집의 모양들이 달라지는데요, 여기에는 사람들이 기후에 잘 적응하며 살아가기 위한 지혜가 담겨 있습니다. 우리나라도 지역에 따라 기후가 달라서 전통적인 집의 모양도 다르게 나타납니다. 따라서 집의 모양을 보면 그 지역의 기후를 알 수 있습니다.

우리나라의 북부 지방은 겨울에 몹시 추운 지역입니다. ⟨ ㉠ ⟩ 북부 지방의 집은 차갑고 매서운 바람을 피하기 위해 마루가 없거나 좁으며 방들이 서로 붙어 있습니다. 바람을 최대한 막기 위하여 창문의 수도 적고 크기도 작으며, ㅁ자 모양의 ♦폐쇄적인 구조로 지어져 있습니다.

이와 반대로 남부 지방은 여름철에 무척 덥고 습기도 많습니다. ⟨ ㉠ ⟩ 바람이 잘 통하도록 집을 지었습니다. 방과 방 사이에는 넓은 마루인 대청이 있으며, 방문과 창문의 개수가 많고 크기도 큽니다. 방과 마루, 부엌이 나란히 이어 지는 ㅡ자 모양의 ♦개방적인 ♦구조로 지어져 있습니다.

중부 지방의 경우 북부 지방보다는 따뜻하고, 남부 지방보다는 시원한 중간 지역입니다. 따라서 북부 지방과 남부 지방의 좋은 점을 알맞게 합쳐서 집을 지었습니다. 보통 ㄱ자 모양, 또는 ㄷ자 모양의 구조로, 방과 방 사이에 마루가 있고 안방 옆에 부엌이 붙어 있습니다. 남부 지방의 집에 비해 마루가 좁고 창문이 적은 편입니다.

이처럼 지역에 따라 기후가 달라서 집의 모양을 다르게 짓고 창문과 마루의 넓이도 달리했습니다. 이와 같은 지역별 집의 모양을 보면 기후에 잘 적응하기 위해 노력한 우리 조상들의 지혜를 엿볼 수 있습니다.

♦ **폐쇄적** 외부와 통하거나 교류하지 않는 것.

♦ **개방적** 외부에 열려있거나 생각 또는 태도가 거리낌 없는 것.

♦ **구조** 부분이 짜여 전체를 이루는 것, 또는 그렇게 이루어진 얼개.

1 이 글은 무엇에 대한 글인가요? ──────────────── [   ]

① 기후에 따른 집의 모양   ② 지역에 따른 기후의 특징
③ 기후에 따른 사람들의 특징   ④ 기후에 따른 식생활의 변화

2 이 글의 지역별 기후의 특징과 집의 모양을 알맞은 것끼리 선으로 연결해 보세요.

(1) 북부 지방 •   • ㄱ. 다른 두 지방에 비 •   • a. 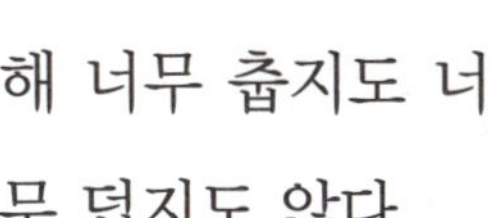
해 너무 춥지도 너
무 덥지도 않다.

(2) 중부 지방 •   • ㄴ. 겨울에 매우 춥고 •   • b. 
매서운 바람이 분다.

(3) 남부 지방 •   • ㄷ. 여름에 매우 덥고 •   • c. 
습기가 많다.

3 ㉠에 공통으로 들어갈 연결어는 무엇인가요? ──────────── [   ]

① 그리고   ② 그러나   ③ 그래서   ④ 그렇지만

4 다음 문장이 뜻하는 낱말을 이 글에서 찾아 써 보세요.

> 우리나라 전통 한옥에서 방과 방 사이에 있는 넓은 마루를 이르는 말로, 주로 남부 지방의 가옥에서 볼 수 있다.

5 그림의 화살표가 가리키는 지역의 집 모양을 고려하여 빈칸을 알맞게 채워 보세요.

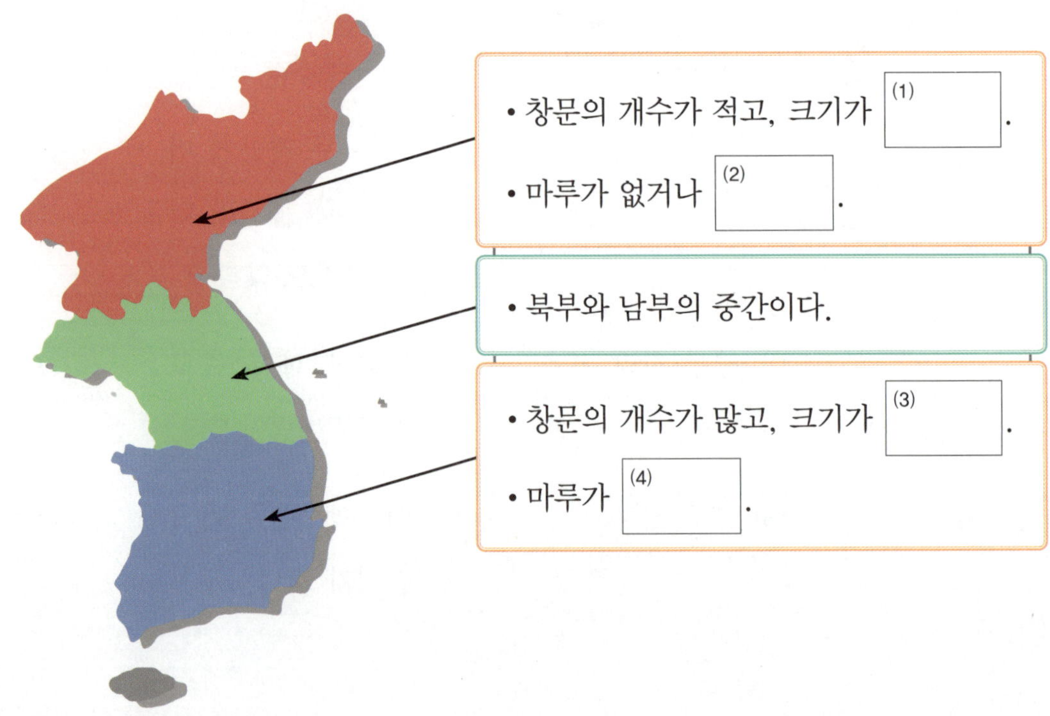

6 보기 의 말을 모두 사용하여 이 글의 주제문을 완성해 보세요.

> 보기
>
> 달라진다   기후에 따라   모양이   집의

주제문 ▶ ____ .

독해 적용 21회

빅데이터의 활용

» 다음 뜻을 가진 낱말을 보기에서 찾아 빈칸에 알맞게 넣어 보세요.

1. 영상, 문자, 숫자 등 우리가 만들어내는 많은 양의 인터넷 자료나 정보.

보기

빅데이터

스마트폰

예 일상생활에서 우리가 컴퓨터로 주고받는 정보들은 ☐☐☐☐ 이/가 되어 과학의 발전에 도움을 줍니다.

2. 몸에서 일어나는 여러 가지 병.

보기

장애

질병

예 손씻기는 여러 ☐☐ 을/를 예방해 줍니다.

3. 전체를 부분으로 나누어 설명하는 것.

보기

분석

이해

예 인공 지능은 사진 속 얼굴을 ☐☐ 하여 기분을 알아낼 수 있습니다.

컴퓨터나 스마트폰을 사용하면서 검색하는 단어나 동영상 등을 모두 모아 '빅데이터'라고 불러. 빅데이터는 우리 생활에 아주 유용한 가치가 있대. 빅데이터가 어떻게 활용되는지 알아보자!

》 다음 글을 읽고 물음에 답하세요.

QR코드를 찍어서 지문을 들어 보세요.

가 우리는 일상에서 컴퓨터와 스마트폰을 자주 사용합니다. 그러면서 새로운 디지털 정보를 만들어 내기도 하고, 이미 있는 정보를 활용하기도 합니다. 이로 인해 생산된 정보의 양 또한 ◆폭발적으로 증가하고 있습니다. 이처럼 영상이나 문자, 숫자 등 우리가 만들어 내는 많은 양의 데이터를 '빅데이터'라고 합니다. 그렇다면 빅데이터가 실제 생활에서 어떻게 활용되고, 어떤 변화를 가져왔는지 알아봅시다.

나 먼저 ㉠의료업계에서는 건강을 관리하고 질병을 예방하는 데 빅데이터를 활용합니다. 여러 사람의 혈액 검사를 통해 수집된 빅데이터를 분석하여 암과 같은 질병이 어떤 원인으로 걸리게 되는지를 분석합니다. 이러한 정보를 바탕으로 건강 검진을 받은 사람이 어떤 질병에 걸릴 확률이 높은지를 ◆예측하여 질병을 예방할 수 있도록 합니다. 또한, 맞춤형 건강 서비스를 제공하여 우리가 좀 더 건강한 삶을 살 수 있도록 합니다.

다 영화나 드라마와 같이 영상을 만들 때도 빅데이터를 활용합니다. 시청 기록이나 사람들이 좋아하는 배우에 대한 빅데이터를 이용하여 드라마나 영화의 배역을 정하기도 하고, 시청자의 ◆취향을 파악하여 줄거리를 만들어 가기도 합니다. 그러면 시청자들의 더 많은 관심과 호응을 얻을 수 있기 때문입니다.

라 온라인 쇼핑몰은 물론이고 오프라인에서도 모바일 결제가 가능해지면서 판매와 소비에서도 빅데이터 활용이 늘고 있습니다. 판매자는 빅데이터로 계절, 시간, 지역에 따라 소비자의 구매 성향을 파악할 수 있습니다. 이러한 정보를 바탕으로 판매량을 예상하여 제품을 생산하거나 판매에 활용할 수 있습니다. 반면 소비자는 평소에 구매한 물건들을 바탕으로 한 데이터 분석으로 자신에게 맞는 쇼핑 목록을 추천받을 수 있습니다.

마 이처럼 빅데이터 정보가 생활 곳곳에서 활용되면서 우리의 삶은 더욱 편리해지고 있습니다.

◆ **폭발적** 무엇이 갑작스레 퍼지거나 일어나는. 또는 그런 것.

◆ **예측** 미리 짐작함.

◆ **취향** 하고 싶은 마음이 생기는 방향.

1 이 글은 무엇에 대한 글인가요? [   ]

① 건강과 질병 ② 빅데이터의 활용

③ 스마트폰의 발전 ④ 빅데이터의 단점

2 이 글의 중심 내용으로 가장 적절한 것은 무엇인가요? [   ]

① 빅데이터로 인해 우리 삶이 더욱 편리해지고 있다.

② 우리는 일상에서 컴퓨터와 스마트폰을 자주 사용한다.

③ 건강을 관리하고 질병을 예방하는 데 빅데이터가 활용된다.

④ 빅데이터는 우리가 만들어 내는 많은 양의 데이터를 말한다.

3 다음 글에서 나타난 상황을 설명하는 문단은 어디인가요? [   ]

> 이번 주에 필요한 식료품을 구매하기 위해 온라인 쇼핑몰에 접속했다. 내가 자주 사 먹는 우유, 계란, 두부 등이 첫 화면에 표시되었다. 검색을 할 필요도 없이 바로 우유를 담았다. 또 내가 샀던 두부와 비슷한 가격대이면서 원산지도 같은 콩을 사용한 다른 회사의 두부들도 함께 제시가 되었다. 나는 그중에서 비슷한 가격대의 다른 회사 두부를 사보기로 했다.

① 가 ② 나 ③ 다 ④ 라

4 이 글의 내용과 일치하지 <u>않는</u> 것은 무엇인가요? [   ]

① 영상, 문자, 숫자 등 디지털 정보들이 모여 빅데이터가 된다.

② 건강 검진 빅데이터를 통해 질병 가능성을 알 수 있다.

③ 빅데이터 분석으로 내가 영화의 배역을 직접 정할 수 있다.

④ 판매자는 빅데이터를 활용하여 소비자의 구매 성향을 파악할 수 있다.

5 ㉠에 대한 설명으로 알맞지 <u>않은</u> 것은 무엇인가요? ································· [   ]

① 빅데이터를 바탕으로 맞춤형 건강 서비스를 제공한다.

② 혈액 검사를 통해 빅데이터를 수집한다.

③ 건강 검진을 받은 사람의 정보가 빅데이터가 된다.

④ 건강 검진만 받으면 질병에 걸릴 확률을 알 수 있다.

6 다음은 이 글을 요약한 표입니다. 보기 의 낱말을 모두 사용하여 빈칸에 알맞게 넣어
보세요.

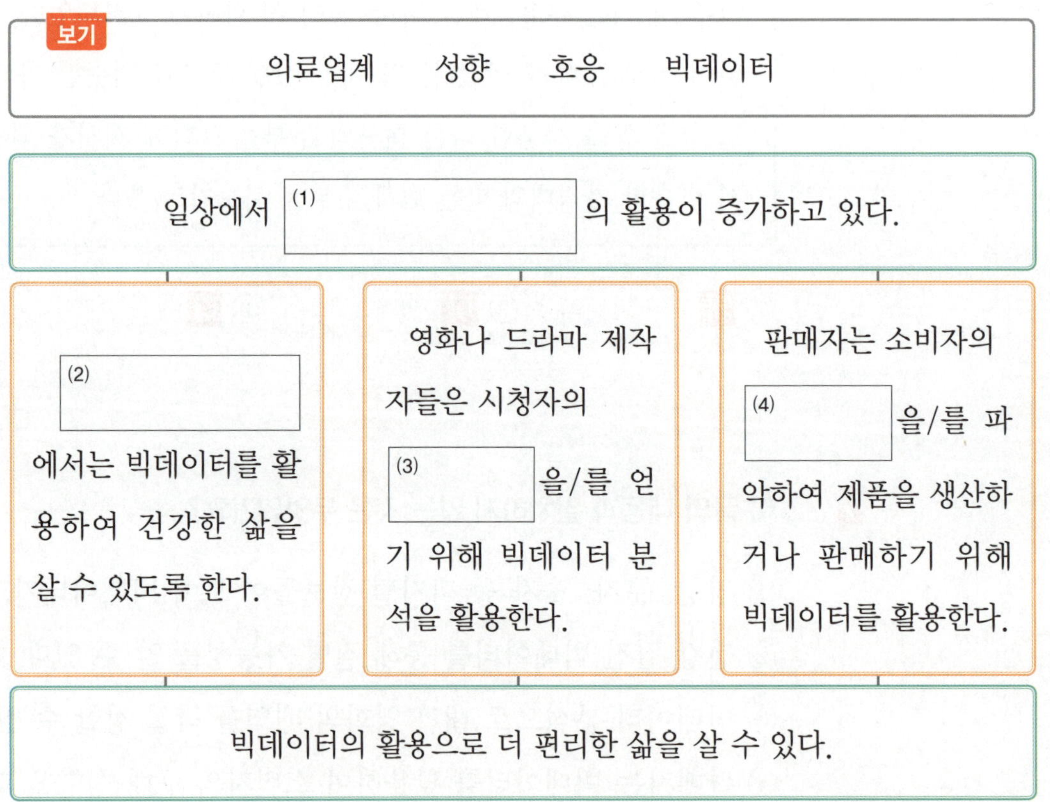

독해 적용

22회

용돈 받는 날 _ 서정홍

독해가
쉬워지는
낱말

» 다음 뜻을 가진 낱말을 **보기** 에서 찾아 빈칸에 알맞게 넣어 보세요.

1. 개인이 자유롭게 쓸 수 있는 돈.

보기

용돈

잔돈

예 동생은 ☐☐ 을/를 아껴서 갖고 싶어 하던 운동화를 샀습니다.

2. 옷의 해지거나 뚫어진 데를 바늘과 실로 깁다.

보기

꾸미(다)

꿰매(다)

예 누나의 구멍 난 양말을 ☐☐었습니다.

3. 물품을 넣어 들고 다니도록 만든 물건.

보기

주머니

깔때기

예 할머니께서 신발 ☐☐☐ 을/를 챙겨 주셨습니다.

독해가
쉬워지는
한마디

부모님께 용돈을 받니? 용돈을 주시는 부모님은 우리에게 용돈을 주기 위해 어떤 일을 하실까? 부모님의 소중함과 사랑을 느끼며 시를 읽어 보자.

» 다음 시를 읽고 물음에 답하세요.

QR코드를 찍어서 지문을 들어 보세요.

용돈 받는 날

서정홍

월요일이면
일주일 용돈
칠백 원을 받는 날입니다.

어떤 친구들은
일주일 용돈으로
삼천 원 받는다고 하지만
칠백 원도 제게는
더없이 소중합니다.

새까만 *일옷을 입고
열심히 일하고 계실 아버지와
겨울 이불을 꿰매며
팔이 아프다는

어머니 ㉠작은 손을 보면
칠백 원이 칠천 원 같습니다.

용돈 받는 날은
부모님 　㉡　으로
주머니가 가득한 날입니다.

◆ 일옷 일을 할 때 입는 옷.

1 말하는 이에 대한 설명으로 옳은 것은 무엇인가요? ──────── [   ]

① 일주일 용돈으로 칠천 원을 받는다.

② 친구들에게 용돈을 적게 받는다고 놀림을 받는다.

③ 부모님이 주시는 용돈에 감사한 마음을 가지고 있다.

④ 부모님이 주시는 용돈이 너무 많아 부담감을 느끼고 있다.

2 어머니의 손을 ㉠과 같이 표현한 까닭은 무엇인가요? ──────── [   ]

① 어머니의 손이 작아서

② 어머니가 용돈을 적게 주셔서

③ 칠백 원이 칠천 원보다 적어서

④ 어머니가 이불을 꿰매며 고생하시는 것 같아서

3 이 시의 흐름으로 보아 ㉡에 들어갈 알맞은 낱말은 무엇인가요? ──────── [   ]

① 고민   ② 사랑   ③ 고통   ④ 불만

4 이 시의 뒷부분에 이어질 내용으로 가장 어울리는 것은 무엇인가요? ──── [   ]

① 월요일을 기다린다는 내용

② 용돈 칠천 원으로 무엇을 할지에 대한 내용

③ 용돈으로 삼천 원을 받는 친구들이 밉다는 내용

④ 어머니, 아버지께 감사의 편지를 드릴 것이라는 내용

 「용돈 받는 날」과 「이제 나는」을 읽고 물음에 답하세요.

이제 나는

임길택

아버지의 왼손 네 손가락
엄지손가락만 빼고는
모두 잘라 냈다.

그 손으로는
아버지는 나를 업어 주셨고
내 팽이를 깎아 주셨고
하루도 빠짐없이
탄광 일을 가신다.

오늘은
축구를 하다 넘어져
오른쪽 얼굴을 깠지만
나는 울지 않았다.
잘려 나간
아버지의 손가락 생각을 하며
쓰린 걸 꾹 참았다.

이제 나는 울지 않는다.

5 「이제 나는」에 대한 설명으로 적절하지 <u>않은</u> 것은 무엇인가요? ·········· [　　]

① '나'의 아버지는 탄광 일을 하신다.

② '나'는 아버지의 왼손을 부끄러워한다.

③ '나'는 오늘 축구를 하다 얼굴을 다쳤다.

④ '나'는 아버지를 생각하며 이제 고통도 꾹 참을 수 있다.

6 두 편의 시를 비교한 내용을 올바르게 말한 친구는 누구인가요? ·········· [　　]

① 예나: 두 시에는 모두 감각적 표현이 잘 나타나 있어.

② 은서: 두 시에서 모두 부모님에 대한 감사함이 느껴져.

③ 경훈: 「이제 나는」에서 아버지는 '나'를 싫어하시는 것 같아.

④ 상현: 「용돈 받는 날」에서 '나'는 아버지를 미워하는 마음을 가지고 있어.

독해 적용

23회 정치의 의미

» 다음 뜻을 가진 낱말을 보기 에서 찾아 빈칸에 알맞게 넣어 보세요.

1. 사람들 사이의 의견 차이나 이해관계를 둘러싼 다툼을 해결하는 과정. 또는 나라를 다스리는 일.

보기
정치
자치

예 ☐☐ 인들은 국민의 대표로서 책임감 있고 성실하게 일해야 합니다.

2. 뜻을 같이하거나 같은 목적을 가지고 함께 일하면서 살아가는 무리.

보기
결정체
공동체

예 지구는 하나의 커다란 ☐☐☐ 입니다.

3. 마음이나 의견이 맞지 않아 서로 부딪치고 맞서는 것.

보기
모순
갈등

예 "숙제를 먼저 할지, 게임을 먼저 할지 정말 ☐☐ 되네."

정치에 관심이 있니? 뉴스에 나오는 정치인들이 하는 일 말고도 생활 속에서 다양한 정치를 찾을 수 있단다. 생활 속의 정치란 무엇인지 정치에 대한 글을 읽어 보자!

» **다음 글을 읽고 물음에 답하세요.**

QR코드를 찍어서 지문을 들어 보세요.

여러분은 '정치'에 대해 어떻게 생각하나요? 정치는 지루한 것, 어른들이 하는 것, 나와는 거리가 먼 것이라고 생각하는 학생들이 많을 것입니다. 그렇다면 여러분이 생각하는 정치의 모습은 무엇인가요? 많은 사람은 정치를 대통령이 나라를 돌보거나 국회의원들이 법을 통과시키는 일 정도로 생각하고 있어요. 하지만 사실 정치는 ㉠그보다 더 넓은 의미를 가지고 있답니다.

정치에는 좁은 의미의 정치와 넓은 의미의 정치가 있습니다. 국가와 관련된 일을 하거나 대통령, 국회의원 같은 정치인들이 하는 일은 좁은 의미의 정치에 속합니다. 많은 사람들이 일반적으로 생각하는 정치가 바로 좁은 의미의 정치에 해당합니다. 대통령 ◆선거나 지방 선거도 좁은 의미의 정치라고 할 수 있지요.

▲ 좁은 정치의 의미

넓은 의미의 정치는 가정, 학교, 지역 사회와 같은 공동체 속에서 사람들의 생각이나 의견의 차이에서 생기는 다양한 갈등을 줄이고 가장 좋은 해결 방안을 찾아 실천하는 것이에요. 넓은 의미의 정치는 가정, 학교, 친구들 사이에서도 이루어질 수 있답니다. 가족 여행 계획을 세우기 위한 가족회의, 학급 반장 선거나 학급 규칙을 정하기 위한 학급 회의, 심지어 학

▲ 넓은 정치의 의미

교 수업이 끝난 후 간식으로 무엇을 사 먹을지 친구들과 의논하는 것까지도 넓은 의미의 정치라고 할 수 있어요.

이와 같이 정치는 사람들이 함께 살아가기 위해 꼭 필요한 것입니다. 따라서 정치는 대통령이나 국회의원 같은 정치인들이 하는 것이고 나와는 관계없으니 무관심해도 된다는 생각을 해서는 안 되겠지요. 생활 속의 정치를 잘 이해하고 꾸준히 관심을 가져야 여러 가지 사회 문제와 갈등이 잘 해결되는 행복한 세상을 만들 수 있습니다.

◆ 선거 모임이나 단체에서 우두머리나 일을 맡아 할 사람을 뽑는 것.

1 이 글은 무엇에 대한 글인가요? —————————————— [   ]

① 정치의 의미 ② 정치의 유래
③ 정치인의 역할 ④ 정치의 문제점

2 ㉠이 가리키는 것이 무엇인지 이 글에서 찾아 써 보세요.

____

____

3 이 글의 내용과 일치하는 것은 무엇인가요? —————————— [   ]

① 대통령 선거나 지방 선거는 넓은 의미의 정치에 속한다.
② 정치는 대통령, 국회의원과 같은 정치인들이 하는 일만을 의미한다.
③ 전교 학생 임원 선거나 학급 반장 선거는 좁은 의미의 정치에 속한다.
④ 학급의 문제를 해결하기 위한 학급 회의는 넓은 의미의 정치에 속한다.

4 이 글을 읽고 난 친구들의 반응으로 올바르지 <u>않은</u> 것은 무엇인가요? ——— [   ]

① 동언: 난 다음 학기에 전교 회장 선거에 입후보하고 싶어. 넓은 의미에서
　　　의 정치를 잘할 수 있다는 생각이 들었어.
② 지완: 지난번 대통령 선거 때 엄마, 아빠가 주민 센터로 투표하러 가셨어.
　　　그건 좁은 의미의 정치에 해당하는구나.
③ 수정: 우리 가족은 여행을 가거나 외식 장소를 정하거나 할 때 수시로 가
　　　족회의를 하는데 그것도 넓은 의미의 정치였구나.
④ 준희: 난 초등학생은 정치와 관련이 없는 줄 알았는데, 우리도 생활 속에
　　　서 좁은 의미의 정치를 하고 있다는 걸 알게 되었어.

5 에 나타난 정치 모습이 (가), (나) 중 어디에 해당하는지 구분해 보세요.

넓은 의미의 정치
(가)

좁은 의미의 정치
(나)

(가)	
(나)	

6 의 낱말을 모두 사용하여 이 글의 중심 내용을 정리해 보세요.

갈등   넓은   좁은   공동체   국가

정치는 좁은 의미와 넓은 의미가 있다. (1) [   ] 의미의 정치는

(2) [   ] 와 관련된 일을 하거나 정치인들이 하는 일을 말하며, (3) [   ]

의미의 정치는 (4) [   ] 속에서 사람들의 생각이나 의견의 차이에서

생기는 다양한 (5) [   ] 을/를 줄이고 가장 좋은 해결 방안을 찾아 실천하는

것으로 가족회의, 학급회의 등이 해당된다.

독해 적용 24회 요리할 때 과학 지식을 떠올려 봐!

독해가 쉬워지는 낱말

» 다음 뜻을 가진 낱말을 **보기** 에서 찾아 빈칸에 알맞게 넣어 보세요.

1. 타고난 능력이나 실력.

보기
자질
노력

예 퀴리 부인의 딸은 퀴리 부인의 과학적 ☐☐ 을/를 물려받아 과학자가 되었습니다.

2. 액체가 기체로 변하는 현상.

보기
기화
악화

예 물을 끓이면 100 ℃에서 물이 증발하여 수증기가 되는데 이를 ☐☐ (이)라고 합니다.

3. 액체가 점점 엉겨서 고체로 변함.

보기
점성
응고

예 우리 몸의 상처에서 피가 흐르다가 굳어질 때, 혈액이 ☐☐ 이/가 되었다고 말합니다.

독해가 쉬워지는 한마디

　과학 지식을 아는 것이 요리에 도움이 될까? 더 맛있는 음식을 만들기 위해 알아두면 좋은 과학 지식은 무엇일까? '기화', '응고'와 같은 과학 지식이 어떻게 요리에 활용되는지 알아보자.

QR코드를 찍어서 지문을 들어 보세요.

» **다음 글을 읽고 물음에 답하세요.**

장래 희망이 요리사인 학생들은 어떤 자질이 필요할까요? 맛을 섬세하게 가려내는 미각, 음식을 예쁘게 담아내는 감각 등이 있을 것입니다. 하지만 과학 지식을 아는 것도 요리사가 되는 데 도움이 됩니다. 어떻게 과학 지식이 요리에 활용되는지 알아볼까요?

㉮ 먼저 액체가 기체로 변하는 '기화'의 ◆원리가 튀김 요리에 활용되는 예를 살펴봅시다. 액체 상태인 물은 100℃에서 기화하여 수증기로 변합니다. 그래서 튀김 요리를 할 때 온도가 160~180℃인 기름에 재료를 넣으면 튀김옷에 섞인 물이 기화하면서 수증기가 됩니다. 그리고 ㉠수증기가 ㉡튀김옷 ㉢밖으로 빠져나가면서 ㉣튀김이 바삭해집니다. 반면 밖으로 나가지 못한 수증기는 재료 자체를 부풀게 해서 튀김 속을 부드럽게 합니다. 이처럼 기화의 원리를 알면 바삭하면서도 부드러운 튀김을 만들 수 있습니다.

다음으로 액체가 고체로 굳는 '응고'가 요리에 활용되는 예를 알아봅시다. 달걀찜 요리는 얼마나 응고를 시키느냐에 따라 맛이 달라집니다. 단백질을 많이 포함하고 있는 달걀은 60℃부터 응고가 시작됩니다. 따라서 가스레인지처럼 높은 온도로 요리할 때는 달걀이 금세 응고되기 때문에 조리 시간을 잘 조절해야 부드러운 달걀찜을 만들 수 있습니다.

이처럼 액체 상태인 재료가 기체 상태로 변하는 온도나 재료가 굳기 시작하는 시간을 ㉤◆고려해 요리하면 더 맛있는 음식을 만들 수 있습니다. 이뿐만 아니라 다른 과학 지식도 많이 알수록 요리를 하는 데 활용할 수 있습니다.

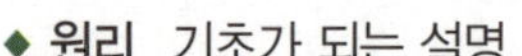

◆ **원리** 기초가 되는 설명.

◆ **고려하다** 생각하고 헤아려 봄.

1 이 글은 무엇에 대한 글인가요?   [   ]

① 요리와 과학의 차이점

② 과학자가 되기 위한 요리

③ 요리사가 되기 위한 감각

④ 과학 지식이 요리에 활용되는 사례

2 이 글을 읽고 바르게 말한 친구는 누구인가요?   [   ]

① 혜영: 물은 기화가 일어나는 온도가 있구나.

② 미혜: 튀김 요리를 하는 기름의 온도는 물의 기화 온도보다 낮아.

③ 준서: 가스레인지 불은 60℃보다 훨씬 낮으니까 응고가 빠를 거야.

④ 지섭: '응고'란 굳어버린 달걀을 다시 액체 상태로 만들어주는 것이구나.

3 이 글을 통해 답을 알 수 <u>없는</u> 질문은 무엇인가요?   [   ]

① 물의 응고는 몇 도에서 시작하나요?

② 과학 지식이 활용된 요리에는 어떤 것이 있나요?

③ 달걀찜은 어떤 과학 지식이 활용되나요?

④ 튀김 요리는 어떤 과학 지식이 활용되나요?

4 ㉠~㉡에 대한 설명으로 알맞지 <u>않은</u> 것은 무엇인가요? ───────── [   ]

① ㉠은 물이 기화가 일어나서 생긴 것이다.

② ㉡에는 물이 포함되어 있다.

③ ㉢은 재료가 부푼다는 의미이다.

④ ㉣은 튀김 옷의 물이 공기 중으로 빠져나갔기 때문이다.

5 ㉤과 바꾸어 쓸 수 <u>없는</u> 말은 무엇인가요? ───────────── [   ]

① 돌보아   ② 따져

③ 생각해   ④ 계산해

6 ㉮의 중심 문장에는 'O', 뒷받침 문장에는 '△'로 표시해 보세요.

(1) 액체 상태인 물은 100℃에서 기화하여 수증기로 변합니다. ──── [   ]

(2) 그래서 튀김 요리를 할 때 온도가 160~180℃인 기름에 재료를 넣으면 튀
김옷에 섞인 물이 기화하면서 수증기가 됩니다. ──────── [   ]

(3) 그리고 수증기가 튀김옷 밖으로 빠져나가면서 튀김이 바삭해집니다.
───────────────────────────── [   ]

(4) 이처럼 기화의 원리를 알면 바삭하면서도 부드러운 튀김을 만들 수 있습
니다. ────────────────────────────── [   ]

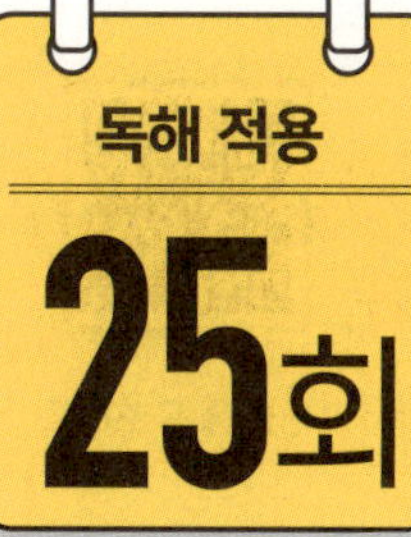

독해 적용

25회 작은 아씨들 _ 루이자 메이 올컷

**독해가
쉬워지는
낱말**

» 다음 뜻을 가진 낱말을 **보기** 에서 찾아 빈칸에 알맞게 넣어 보세요.

1. 일정한 공간이나 사물의 한가운데.

보기
한복판
한나절

예 운동장 〔　〕〔　〕〔　〕 에서 아이들이
옹기종기 모여 놀고 있었습니다.

2. 가로지른 막대기.

보기
가로수
가로대

예 암탉이 〔　〕〔　〕〔　〕 에 올라앉아 울어대고
있습니다.

3. 어떤 현상이나 일에 대하여 일어나는 마음이나 느끼는 기분.

보기
감정
감성

예 그동안 쌓아왔던 〔　〕〔　〕 들이 한순간에
폭발해 눈물이 솟구쳤습니다.

**독해가
쉬워지는
한마디**

　　형제 혹은 자매와 다툰 적이 한두 번쯤은 있을 거야. 그때 어떻게 사과했니? 조와 에이미
의 갈등과 화해의 과정을 다룬 「작은 아씨들」 속 이야기를 읽어 보자!

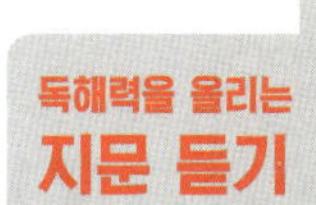

» **다음 이야기를 읽고 물음에 답하세요.**

QR코드를 찍어서 지문을 들어 보세요.

앞 줄거리　메그와 함께 연극을 보러 가는 조가 에이미를 끼워주지 않자, 화가 난 에이미는 ⓐ조가 가장 아끼던 원고를 불태워 버렸다. 화가 잔뜩 치민 조는 뒤늦게 잘못을 인정하고 사과하는 에이미를 절대 용서하지 않겠다며 차갑게 대했다. 며칠 뒤, 조가 우울한 기분을 달래기 위해 로리와 스케이트를 타러 호수에 가자 에이미가 따라나섰다. 조는 여전히 에이미에게 쌀쌀맞게 굴고, 에이미는 얼음을 얇게 언 강 한복판으로 나아갔다.

바로 그 순간, 얼음이 ㉠와장창 소리를 내며 깨졌다.

"조 언니, 구해 줘!"

물에 빠진 에이미가 허우적거리며 소리쳤다.

"살려 줘, 언니!"

조는 너무 놀라 ㉡꼼짝도 할 수 없었다.

"울타리 가로대를 뜯어 와. 어서!"

로리가 다급하게 소리치자 그제야 정신을 차린 조가 가로대를 뜯어 왔다. 로리와 조는 가로대로 에이미를 간신히 끌어냈다. 두 사람은 ㉢덜덜 떠는 에이미를 데리고 서둘러 집으로 돌아왔다.

마치 부인은 따뜻한 물수건으로 에이미의 몸을 닦아 침대 위에 눕혔다. 그리고 가로대를 뜯어내다가 상처를 입은 조의 손에 약을 바르고 붕대를 감아주었다.

"다 저 때문에 일어난 일이에요. 언니가 돼서 동생을 감싸주지 못했어요. 엄마, 저는 왜 이렇게 화를 참지 못하는 걸까요? 전 어쩌면 좋죠?"

조는 눈물을 흘리며 괴로워했다.

마치 부인은 딸의 등을 부드럽게 쓸어 주며 말했다.

"네가 날 닮아서 그렇구나. 엄마도 전에는 화를 잘 냈었지. 하지만 이제는 감정을 조절할 수 있단다. 너도 노력하면 될 거야."

조는 에이미에게 속삭였다.

ⓑ"에이미, 그동안 쌀쌀맞게 대해서 정말 미안해."

그 말에 에이미가 살며시 눈을 뜨고는 두 팔을 벌렸다. 조는 사랑하는 동생을 ㉣꼭 안아 주었다.

– 루이자 메이 올컷/정유리 엮음, 「작은 아씨들」

1 이 이야기는 누구와 누구 사이의 갈등 상황을 나타내었나요? ────────── [　　]

① 로리와 조　　　　　　　　② 메그와 조

③ 에이미와 조　　　　　　　④ 마치 부인과 조

2 이 이야기의 내용과 일치하는 것은 무엇인가요? ──────────── [　　]

① 조와 로리는 스케이트 시합을 하기 위해 호수로 갔다.

② 로리는 에이미를 구하기 위해 가로대를 뜯다 손에 상처를 입었다.

③ 사이가 좋지 않았던 에이미와 조의 관계가 다시 회복되었다.

④ 부인은 화를 참지 못하는 조 때문에 괴로워하며 눈물을 흘렸다.

3 보기 의 내용을 참고할 때, ㉠~㉣ 중 종류가 <u>다른</u> 하나는 무엇인가요? ─────── [　　]

> **보기**
>
> • '소리'를 나타내는 말: 달그락, 쿵쿵, 꼬르륵, 콜록콜록, 칙칙폭폭 등
>
> • '모양'을 나타내는 말: 으쓱으쓱, 엉금엉금, 데굴데굴, 살금살금 등

① ㉠　　　　　　② ㉡　　　　　　③ ㉢　　　　　　④ ㉣

4 자신이 에이미라고 생각하고, 조가 ⓑ와 같이 말한 상황에서 ⓐ에 대해 조에게 어떤
말을 하면 좋을지 써 보세요.

____

____

5 에이미에 대한 조의 마음 변화를 알맞게 나타낸 것은 무엇인가요? ⋯⋯⋯⋯ [　　]

① 화남　　→　　놀람　　→　　미안함
② 화남　　→　　슬픔　　→　　성가심
③ 성가심　→　고마움　　→　　놀람
④ 성가심　→　미안함　　→　　고마움

6 이 이야기가 일어난 차례에 알맞게 순서대로 기호를 써 보세요.

> ㄱ. 화가 난 에이미가 조의 원고를 불태웠다.
>
> ㄴ. 조와 에이미는 화해를 하여 서로 꼭 안아 주었다.
>
> ㄷ. 조는 에이미를 끼워주지 않은 채 메그와 연극을 보러 갔다.
>
> ㄹ. 에이미가 물에 빠져 조와 로리가 호수에 빠진 에이미를 끌어냈다.
>
> ㅁ. 로리와 조는 호수로 스케이트를 타러 갔고, 에이미가 따라 나섰다.

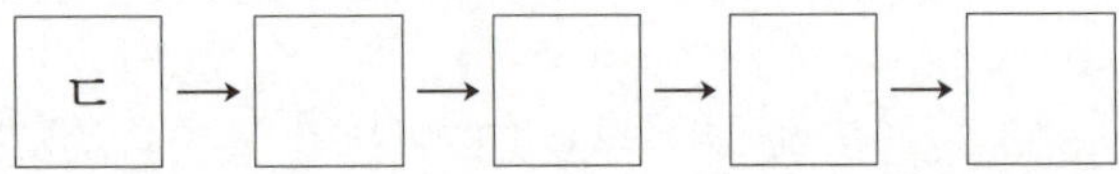

독해 적용

26회 밤낮없는 스마트폰 괜찮을까?

독해가 쉬워지는 낱말

» 다음 뜻을 가진 낱말을 보기 에서 찾아 빈칸에 알맞게 넣어 보세요.

1. 실력, 수준이 나아짐.

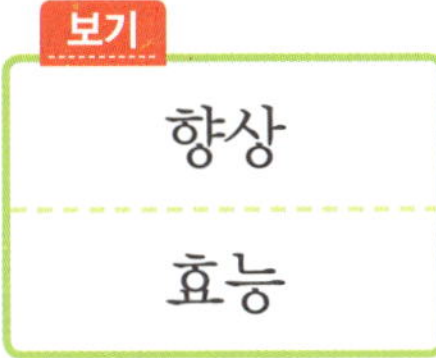

보기

향상

효능

예 매일 달리기를 한 결과, 신체 능력이 ☐☐ 되었습니다.

2. 어떤 사물의 효과가 다른 것에 미치는 힘.

보기

영양

영향

예 어린이들은 텔레비전 프로그램의 ☐☐ 을/를 받기 쉽습니다.

3. 어떤 것을 너무 많이 이용하여 그것 없이는 참지 못하는 상태.

보기

중독

해독

예 동생은 컴퓨터 게임에 ☐☐ 되었습니다.

독해가 쉬워지는 한마디

스마트폰으로 음악을 듣고 사진을 찍는 등 편리함을 누릴 수도 있지만, 스마트폰에 중독되어 정상적인 생활을 할 수 없을 때도 있어. 스마트폰 사용에 대한 글을 읽고, 내 생각을 정리해 보자.

QR코드를 찍어서 지문을 들어 보세요.

» **다음 글을 읽고 물음에 답하세요.**

ⓐ최근 지하철이나 카페, 길거리에서 스마트폰을 사용하고 있는 사람들을 쉽게 찾아볼 수 있습니다. ⓑ스마트폰의 기능이 향상되면서 점차 더 많은 사람이 스마트폰을 사용하고 있기 때문입니다. 하지만 스마트폰의 지나친 사용은 문제가 있습니다. 스마트폰의 사용을 줄여야 하는 까닭은 다음과 같습니다.

첫째, 스마트폰에서 발생하는 ◆전자파는 인체에 해롭습니다. 스마트폰 사용자 472명을 대상으로 '휴대 전화 전자파가 인체에 미치는 영향'을 조사한 안윤옥, 강대희 교수팀의 연구 결과에 따르면, ㉠하루 평균 71분 이상 스마트폰을 사용하는 사람은 14분 미만 사용하는 사람에 비해 머리가 아픈 ◆증상은 1.2배, 속이 울렁거리는 증상은 2.2배 정도를 더 느낀다고 합니다.

둘째, 스마트폰에 시간을 뺏겨 친구와 함께하는 시간이 사라집니다. 우리는 친구와 어울리며 즐거움을 얻고, 친구를 배려하는 마음을 배울 수 있습니다. 하지만 친구들과 동네에 모여 놀던 과거와는 달리, 요즘 학생들은 스마트폰으로 혼자 동영상을 보거나 게임을 즐기는 경우가 많습니다. 이렇게 홀로 스마트폰에 열중하는 시간이 늘어나면서 학생들은 집 밖에서 친구와 어울리는 시간뿐만 아니라 친구를 배려하고 즐거움을 나눌 기회마저 뺏기게 되었습니다.

셋째, ⓒ스마트폰 사용에 중독이 되면 일상생활이 흐트러집니다. 특히, 잠들기 직전까지 스마트폰을 사용하게 되면 수면에 영향을 받게 됩니다. 스마트폰 화면에서 나오는 빛이 잠자리에 드는 것을 방해하기 때문에 쉽게 잠자리에 들 수 없기 때문입니다.

앞으로는 지금보다 더 자주, 오랜 시간 스마트폰을 사용하게 될지도 모릅니다. 그러나 ⓓ지나치게 스마트폰을 사용하면, 우리의 건강과 인간관계, 그리고 일상생활에 좋지 못한 영향을 미칠 수 있습니다. ㉡스마트폰을 꼭 사용해야 할 때와 아닌 때를 생각하며 사용 시간을 줄이면 더 현명하게 스마트폰을 사용할 수 있지 않을까요?

◆ **전자파** 전기가 흐르는 곳에서 발생하는 것으로 강한 전자파는 인체에 해로움.

◆ **증상** 아픈 것이 겉으로 드러남.

1 이 글에 대한 설명으로 옳지 <u>않은</u> 것은 무엇인가요? ──────── [   ]

① 스마트폰에서 발생하는 전자파는 인체에 해롭다.

② 스마트폰에 중독이 되면 친구들과의 소통이 줄어든다.

③ 스마트폰 화면에서 나오는 빛은 우리가 잠자리에 들도록 도와준다.

④ 스마트폰을 꼭 사용해야 할 때만 사용하면 현명하게 사용할 수 있다.

2 글쓴이가 전달하고자 하는 중심 내용은 무엇인가요? ──────── [   ]

① 스마트폰을 지나치게 많이 사용하면 안 된다.

② 스마트폰에서 발생하는 전자파는 인체에 해롭다.

③ 자기 직전에 스마트폰을 하면 불면증에 걸릴 수 있다.

④ 스마트폰을 많이 사용할수록 인간관계에 소홀해지기 쉽다.

3 ㉠과 ㉡에 해당하는 것을 바르게 나타낸 것은 무엇인가요? ──────── [   ]

	㉠		㉡
①	사실	–	사실
②	사실	–	의견
③	의견	–	의견
④	의견	–	사실

4 ⓐ~ⓓ 중 '원인'과 '결과'로 이루어지지 <u>않은</u> 문장은 무엇인가요? ──────── [   ]

① ⓐ   ② ⓑ   ③ ⓒ   ④ ⓓ

5 이 글을 읽은 친구들의 반응으로 적절하지 <u>않은</u> 것은 무엇인가요? ──────── [   ]

① 미애: 연구 결과가 있어서 글쓴이의 의견에 대한 믿음이 생겨.

② 예림: 스마트폰을 많이 사용하는 사람들이 이 글을 보면 좋겠다.

③ 희정: 이 세상에서 스마트폰이 사라지면 모든 문제가 해결되겠네.

④ 혜진: 이제부터는 스마트폰 사용 시간을 줄이고 친구들과 소통해야겠어.

6 보기 의 낱말을 모두 사용하여 이 글을 알맞게 요약해 보세요.

보기
중독	사용	시간	문제	전자파

처음	스마트폰을 많이 사용하면 여러 가지 ⁽¹⁾[ ] 이/가 발생할 수 있으므로 스마트폰의 지나친 사용을 줄여야 한다.		
중간	스마트폰에서 발생하는 ⁽²⁾[ ] 은/는 인체에 해롭다.	친구와 함께하는 ⁽³⁾[ ] 이/가 사라진다.	스마트폰 사용에 ⁽⁴⁾[ ] 이/가 되면 일상생활이 흐트러진다.
끝	스마트폰 ⁽⁵⁾[ ] 시간을 줄여서 현명하게 사용하자.		

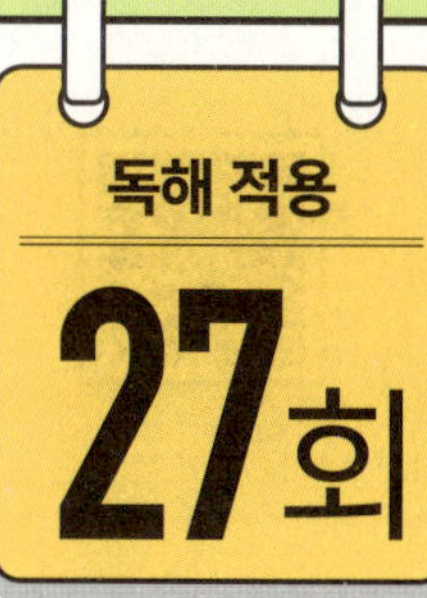

영화 속 숨은 주역들

» 다음 뜻을 가진 낱말을 [보기] 에서 찾아 빈칸에 알맞게 넣어 보세요.

1. 주된 역할. 또는 주된 역할을 하는 사람.

[보기]
주역
주인

예 그는 우리 팀을 승리로 이끈 ☐☐ 입니다.

2. 이리저리 제 마음대로 휘두르거나 다룸.

[보기]
좌지우지
좌우지간

예 친구의 한 마디에 내 기분이 ☐☐☐☐ 되었습니다.

3. 일정한 재료를 가지고 새로운 물건이나 작품을 만듦.

[보기]
조작
제작

예 그 음반을 ☐☐ 하는 데 1년의 시간이 걸렸습니다.

영화가 끝난 후 자막으로 올라오는 수많은 이름을 본 적 있니? 한 편의 영화를 만들기 위해서는 많은 사람의 노력이 필요하단다. 영화 속 숨은 주역들을 함께 알아보자!

» **다음 글을 읽고 물음에 답하세요.**

가 대부분의 사람은 '영화'라고 하면 영화 배우나 영화 감독을 떠올리기 마련입니다. 그러나 배우도 감독도 아니지만, 한 편의 영화를 제작하기 위해서는 보이지 않는 곳에서 열심히 노력하는 사람들이 있습니다. 화려한 조명 속 주인공은 아니지만, 영화의 완성도를 위해 오늘도 묵묵히 일하는 숨은 주역들을 알아봅시다.

나 영화 속에서 배우들이 멋진 무술 실력을 뽐내거나, 높은 절벽에서 뛰어내리는 장면을 본 적이 있나요? 이 장면의 숨은 주역은 바로 스턴트맨입니다. 스턴트맨은 주연 배우들을 대신하여 암벽 등반, 다이빙 등의 특수한 기술을 필요로 하는 역할이나 주연 배우가 하기 어려운 고난도의 연기를 대신하는 역할을 합니다. 스턴트맨은 생명을 [◆]담보로 위험한 연기를 하므로 특수 훈련을 받는 경우가 많다고 합니다.

다 조명 감독과 조명 스태프는 장면의 분위기를 만들어 내는 일등 공신입니다. 한 장면을 찍기 위해 조명을 설치하는 데만 3시간 이상이 소요될 만큼 조명 작업은 까다로운 작업 중의 하나입니다. 영화를 촬영하기 위해서는 보통 30명 이상의 조명 스태프들이 필요하며, 조명 감독이 이들을 [◆]총괄하고 지휘합니다. 조명에 따라 작품의 분위기가 좌지우지되는 만큼, 조명 감독과 조명 스태프들은 촬영 장면에 어울리는 조명을 만들기 위해 끊임없이 노력합니다.

라 특수 효과 기술자는 더 실감 나는 영상을 제작하기 위해 컴퓨터 그래픽 기술을 이용하여 다양한 배경과 특수 효과를 만들어 내는 사람입니다. [◆]실존하지 않는 공룡이나, 실제로 촬영하기 어려운 우주 세계를 영화 속에서 보았다면 그건 바로 특수 효과 기술자들의 노력 덕분입니다.

마 이외에도 배우들을 역할에 맞게 멋지게 변신시켜 주는 특수 분장사, 영화 속 역할에 어울리는 배우를 섭외하는 캐스팅 디렉터 등 우리가 영화를 볼 때는 쉽게 알아차리지 못하는 숨은 주역들이 너무나도 많습니다. 따라서 한 편의 영화를 감상할 때는 숨은 주역들의 [◆]노고를 기억하여 감사하는 마음을 가져야 할 것입니다.

◆ **담보** 맡아서 보증함.　　　　　　　　◆ **총괄** 모든 일을 통틀어 두루 살펴봄.

◆ **실존** 실제로 존재함.　　　　　　　　◆ **노고** 힘들여 수고하고 애씀.

1 이 글은 무엇에 대한 글인가요? ⸻⸻⸻⸻⸻ [　　]

① 영화 제작 과정의 어려움

② 영화를 감상할 때 가져야 할 태도

③ 영화 제작을 위해 노력하는 숨은 주역들

④ 영화를 제작할 때 감독과 배우의 중요성

2 이 글을 처음, 가운데, 끝으로 나눌 때, **가~마**는 각각 어느 부분에 해당하는지 빈 칸에 기호를 써 보세요.

처음	가운데	끝
(1)	(2)	(3)

3 이 글을 읽고 영화 속 숨은 주역들과 그들이 하는 일을 선으로 연결해 보세요.

(1) 특수 분장사　　　　•　　　　• ㄱ. 영화에서 사용되는 배경과 특수 효과를 만든다.

(2) 조명 감독과 조명 스태프　　•　　　　• ㄴ. 조명을 이용하여 장면에 어울리는 분위기를 만들어 낸다.

(3) 스턴트맨　　　　•　　　　• ㄷ. 주연 배우가 하기 어려운 연기를 대신한다.

(4) 캐스팅 디렉터　　•　　　　• ㄹ. 배우들을 역할에 맞게 변신시켜 준다.

(5) 특수 효과 기술자　•　　　　• ㅁ. 역할에 어울리는 배우를 섭외한다.

4　이 글의 내용과 일치하지 <u>않는</u> 것은 무엇인가요? ⸺⸺⸺⸺⸺⸺⸺ [　　　]

① 스턴트맨은 위험한 연기를 하므로 특수 훈련을 받는 경우가 많다.

② 한 장면을 찍기 위해 조명을 설치하는 데만 3시간 이상이 소요된다.

③ 영화를 촬영하기 위해서는 보통 30명 이상의 특수 분장사가 필요하다.

④ 특수 효과 기술자는 실감 나는 영상 제작을 위해 컴퓨터 그래픽 기술을
　　이용한다.

5　이 글을 읽고 난 후, 적절하지 <u>않은</u> 이야기를 한 친구의 이름을 써 보세요.

⸺⸺⸺⸺⸺⸺⸺⸺⸺⸺⸺⸺⸺⸺⸺⸺ [　　　]

> 유나: 그래도 영화에서는 주연 배우가 가장 중요하다고 생각해. 나는 올해 흥
> 　　　행한 영화의 주연에는 누가 있는지 알아봐야지.
> 은지: 영화를 볼 때 감독과 주연 배우만 떠올렸었는데 보이지 않는 곳에서 이
> 　　　렇게 많은 사람이 노력하고 있을 줄은 몰랐어.
> 혜진: 맞아. 영화를 만드는 데 정말 많은 사람이 참여하고 있네. 영화 제작을
> 　　　위해 힘쓰는 또 다른 사람들에는 누가 있는지 조사해 봐야겠어.

6　보기의 낱말을 모두 사용하여 이 글의 중심 내용을 정리해 보세요.

> **보기**
>
> 　　　　　영화　　주역　　스턴트맨

(1) [　　] 을/를 제작하기 위해서는 (2) [　　], 조명 감독과
조명 스태프, 특수 효과 기술자, 특수 분장사와 캐스팅 디렉터 등 보이지 않는
곳에서 열심히 노력하는 숨은 (3) [　　] 들이 있다.

어린이를 위한 법

독해가 쉬워지는 낱말

» 다음 뜻을 가진 낱말을 보기 에서 찾아 빈칸에 알맞게 넣어 보세요.

1. 나누어 놓은 지역.

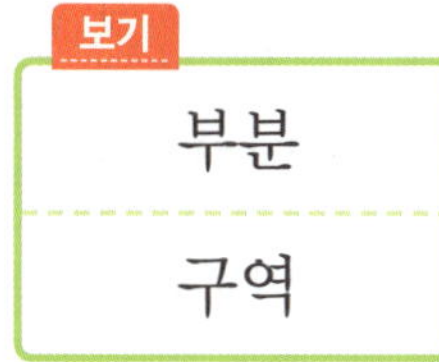

⑩ 경찰관이 맡은 ☐☐ 을/를 순찰합니다.

2. 사람이 평소에 먹는 모든 음식.

⑩ 어린이는 여러가지 ☐☐ 을/를 골고루 먹어야 합니다.

3. 사람이 생활에 필요한 물건이나 돈을 얻기 위하여 일을 하는 행동.

⑩ ☐☐ 중간에 휴식이 필요합니다.

독해가 쉬워지는 한마디

  우리나라에는 어린이를 위해 만든 특별한 법이 있어. 우리가 무심코 지나쳤던 등굣길에도 법이 적용되어 있단다. 우리 주변을 떠올리면서 어린이를 위한 법은 어떤 게 있는지 살펴보자.

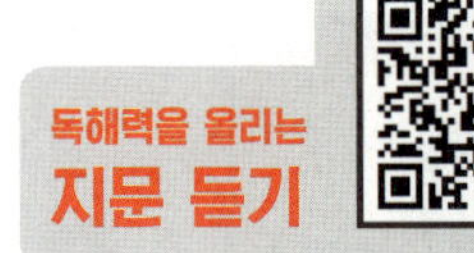

QR코드를 찍어서 지문을 들어 보세요.

» **다음 글을 읽고 물음에 답하세요.**

법이 없는 세상, 상상이 가나요? 법은 우리가 더 안전하고 편하게 살 수 있도록 도와줍니다. 얼핏 생각해 보면 법은 어른에게만 관계있는 거라고 생각할 수 있으나, 그렇지 않습니다. 우리 주변을 살펴보면 어린이를 위한 법들도 많이 찾을 수 있습니다. 우리나라에는 어린이들을 위한 어떤 법이 있는지 그 예를 확인해 봅시다.

첫째, 학교 근처는 어린이보호구역으로 정해져 있습니다. 다른 말로는 스쿨존이라고도 ㉠부릅니다. 어린이보호구역이란 우리나라 어린이들이 학교 근처에서 교통사고를 당하는 것을 예방하기 위해 만든 보호구역입니다. 어린이보호구역에서는 자동차들이 ◆시속 30킬로미터가 넘지 않게 ◆주행하도록 법으로 제한하고 있습니다.

둘째, 어린이가 안전하고 건강한 음식을 먹을 수 있도록 관리하는 식품안전보호구역이 있습니다. 이는 학교와 학교 주변 200미터 안의 구역에서 어린이 건강을 해치는 불량식품이나 탄산음료 등을 판매할 수 없다는 의미입니다. 그린푸드존이라고도 불리며, 학교 외에도 어린이들이 많이 다니는 유치원, 학원, 놀이공원 주변도 해당됩니다. 이를 통해 어린이들이 올바른 식생활 습관을 가질 수 있도록 돕고 있습니다.

셋째, 초등학교를 다니는 어린이에게 돈을 주고 일을 하게 하는 것이 금지되어 있습니다. 예술 공연 참가와 같은 특별한 경우를 제외하고는 13세 이하의 어린이는 어떤 일도 할 수 없습니다. 과거에 이러한 법이 없을 때에는 어린이들이 힘든 일을 하느라 고통받는 일이 세계적으로 많았습니다. 왜냐하면 어른보다 저렴한 값으로 어린이를 ◆고용할 수 있기 때문입니다. 1923년, 방정환 선생님이 5월 5일을 '어린이날'로 만든 까닭도 그 당시 우리나라에 어린이 노동 문제가 심각했기 때문이라고 합니다.

평소에는 너무 당연해서 잘 느끼지 못하겠지만, 어린이들이 더 살기 좋은 세상을 만들기 위해 어린이를 위한 법들이 계속 생겨나고 있습니다.

◆ **시속** 1시간 동안 움직이는 거리, 물체의 빠르기의 정도를 나타냄.

◆ **주행** 움직이는 자동차나 열차가 달림.

◆ **고용** 돈을 주고 일을 시킴.

1 이 글에 나타나지 <u>않은</u> 내용은 무엇인가요? ──────────── [　　]

① 어린이보호구역의 의미

② 우리나라에 어린이날을 만든 사람

③ 식품안전보호구역이 생기게 된 까닭

④ 세계적으로 사용되는 어린이를 위한 법의 예

2 이 글의 중심 내용으로 가장 적절한 것은 무엇인가요? ──────────── [　　]

① 어린이와 어른은 여러 가지 다른 점이 있다.

② 어린이를 위한 법을 만든 사람은 각각 다르다.

③ 우리나라에는 여러 가지 어린이를 위한 법이 있다.

④ 어린이를 위한 법을 지키지 않는 사람을 벌을 받아야 한다.

3 다음 문장에서 ㉠과 같은 의미로 사용된 것은 무엇인가요? ──────────── [　　]

① 배가 <u>부르니</u> 기분이 좋아졌다.

② 작은 성냥불이 큰 화재를 <u>불렀다.</u>

③ 엄마가 아이들을 큰 소리로 <u>불렀다.</u>

④ 존경할 만한 훌륭한 사람을 위인이라고 <u>불러.</u>

4 이 글을 읽고 더 알아볼 내용으로 거리가 <u>먼</u> 것은 무엇인가요? ──────────── [　　]

① 어린이를 위한 법을 어길 때 받는 벌

② 어른보다 저렴한 값으로 어린이를 고용할 때의 좋은 점

③ 어린이보호구역이 생긴 후, 학교 앞 교통사고 발생 건수

④ 세계적으로 우리나라와 비슷한 어린이를 위한 법의 사례

5 이 글과 어울리지 <u>않는</u> 말을 한 친구는 누구인가요? ──────────── [   ]

① 재석: 법은 어른에게만 관계 있는 게 아니었어.

② 나래: 학교 주변에서 속도를 지키지 않는 차를 보면 신고해야겠어.

③ 혜진: 학교 앞에서 내가 좋아하는 군것질을 자유롭게 할 수 있어서 다행
　　　　이야.

④ 동석: 우리나라에 이렇게 다양한 어린이를 위한 법이 있는지 몰랐어.

6 다음은 이 글을 요약한 표입니다. 알맞은 낱말을 찾아 빈칸에 넣어 보세요.

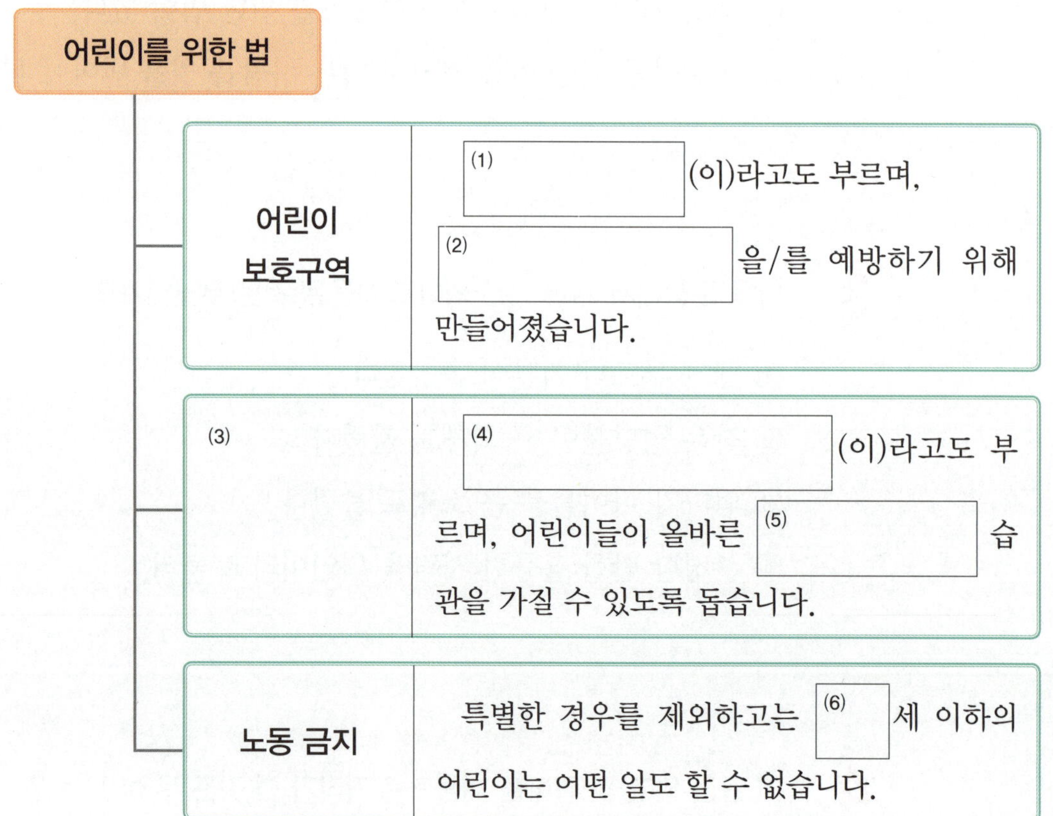

목소리의 비밀

독해가 쉬워지는 낱말

» 다음 뜻을 가진 낱말을 보기 에서 찾아 빈칸에 알맞게 넣어 보세요.

1. 소리를 디지털 정보로 기록함.

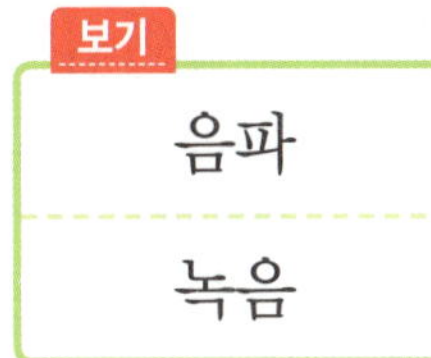

예 ☐☐ 이/가 잘 되어 소리가 잘 들립니다.

2. 질서나 풍습에 맞지 않아 자연스럽지 않게.

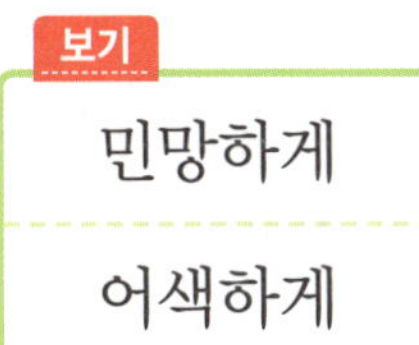

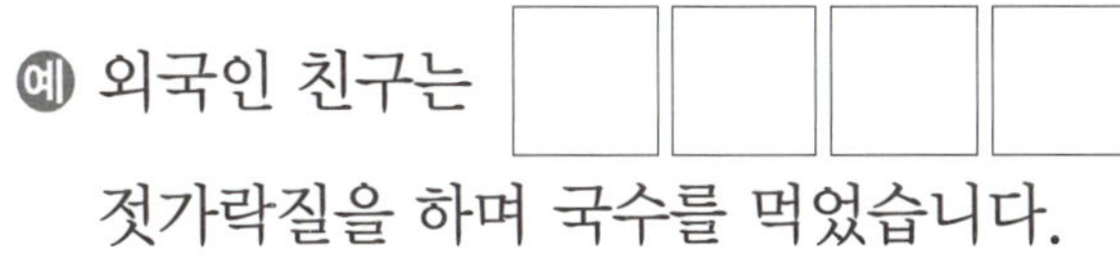

예 외국인 친구는 ☐☐☐☐ 젓가락질을 하며 국수를 먹었습니다.

3. 흔들리는 움직임이 있음.

예 자동차의 시동을 걸면 ☐☐ 이/가 느껴집니다.

독해가 쉬워지는 한마디

내가 말을 할 때 들리는 나의 목소리와 다른 사람들이 듣는 나의 목소리는 같을까? 만약 다르다면 둘 사이에 어떤 차이가 있을까? 목소리에 숨겨진 비밀을 알아보자.

QR코드를 찍어서 지문을 들어 보세요.

» **다음 글을 읽고 물음에 답하세요.**

가 녹음된 내 목소리를 들어본 적이 있나요? 자신의 목소리를 녹음기로 녹음하여 들어보면, 평상시 내가 알고 있던 나의 목소리와 다르게 느껴집니다. 그래서 대부분의 사람은 녹음된 자신의 목소리를 매우 어색하게 느낍니다. 그렇다면 왜 이런 현상이 일어나는 걸까요? 여기에는 숨겨진 과학적 원리가 있습니다.

나 목소리는 폐에서 만들어진 공기가 성대를 울리면서 만들어집니다. 이 과정에서 만들어진 소리는 입 밖으로 빠져나가기도 하고, 머리 위로 퍼져나가기도 합니다. 이때, 입 밖으로 빠져나간 소리는 공기를 변화시킵니다. 우리는 이것을 음파라고 합니다. 그리고 이 음파가 고막을 진동시켜 귀에 들리게 됩니다. 녹음되거나, 다른 사람들이 듣는 나의 목소리는 공기를 통해 밖으로 전달된 내 목소리의 음파만을 듣게 되는 것입니다.

다 ⓐ 스스로가 말하는 것을 듣는 경우엔 공기를 통해 전달된 음파뿐만 아니라 진동음이라는 것을 함께 듣게 됩니다. 진동음이란 몸의 떨림으로 전달되는 소리를 말합니다. 성대를 울리면서 만들어진 소리가 머리 위로 퍼져나가는 과정에서 뼈와 근육이 떨리는데, 이때 생긴 진동을 통해 소리가 귀로 전달됩니다. 즉, 내가 나의 목소리를 직접 들을 때에는 음파와 함께 목소리가 두개골을 울릴 때 나는 진동음도 함께 듣게 되는 것입니다.

라 진동음은 말하는 사람의 몸으로만 전달되기 때문에 녹음도 되지 않고, ⓑ<u>상대방에게도 들리지 않습니다.</u> 따라서 말을 하는 사람은 자신의 목소리를 음파와 진동음으로 동시에 듣게 되지만, 녹음하거나 다른 사람들이 듣는 목소리에는 음파만이 전달되는 것입니다. 이와 같이 목소리의 전달 과정에서 차이가 발생하기 때문에 우리는 녹음된 나의 목소리와 내가 듣는 나의 목소리가 다르게 느껴지는 것입니다.

1 이 글은 무엇에 대한 글인가요? [   ]

① 거짓 목소리　　　　　② 목소리의 종류

③ 진동음과 녹음　　　　④ 목소리의 전달 과정

2 이 글을 읽고 바르게 말한 친구는 누구인가요? [   ]

① 준영: 음파는 나와 친구 모두의 귀로 전달되는구나.

② 유정: 음파는 몸의 떨림으로 전달되는 소리를 의미해.

③ 소라: 내가 말을 할 때 친구에게는 진동음만 전달되는구나.

④ 지민: 진동음은 입 밖으로 나와 공기를 변화시키는 것을 의미해.

3 ㉠에 들어갈 연결어는 무엇인가요? [   ]

① 그러나　　　　　　　② 이와 같이

③ 그러므로　　　　　　④ 뿐만 아니라

4 ㉡의 까닭은 무엇인가요? [   ]

① 진동음이 음파의 전달을 방해하기 때문에

② 목소리를 크게 내지 않기 때문에

③ 음파만 골라 듣기 때문에

④ 진동음은 말하는 사람의 몸으로만 전달되기 때문에

5 의 내용을 '녹음된 목소리'와 '내가 듣는 나의 목소리'로 구분하여 기호를 써 보세요.

> **보기**
>
> ㄱ. 음파만 들림
>
> ㄴ. 음파와 진동음이 함께 들림
>
> ㄷ. 소리가 공기의 진동으로만 전달됨
>
> ㄹ. 뼈와 근육에 말의 진동이 함께 전달됨
>
> ㅁ. 귀로만 들어오는 목소리
>
> ㅂ. 귀와 몸에서 들리는 목소리

녹음된 목소리	내가 듣는 나의 목소리
(1)	(2)

6 각 문단의 중심 내용으로 알맞지 <u>않은</u> 것은 무엇인가요? ⋯⋯⋯⋯⋯⋯ [　　]

① **가**: 목소리 전달 과정에는 숨겨진 과학 원리가 있다.

② **나**: 다른 사람들이 듣는 나의 목소리는 음파만 듣게 된다.

③ **다**: 내가 나의 목소리를 직접 들을 때에는 음파와 진동음을 함께 듣게 된다.

④ **라**: 소리는 입 밖으로 빠져나가기도 하고, 머리 위로 퍼져나가기도 한다.

독해 적용

30회 서대문형무소역사관 방문

» 다음 뜻을 가진 낱말을 보기 에서 찾아 빈칸에 알맞게 넣어 보세요.

1. 숨기고 있는 사실을 강제로 알아내기 위하여 육체적 · 정신적 고통을 줌.

보기

고문

질문

예 유관순 열사는 일본군에게 모진 ☐☐을/를 당하였습니다.

2. 잘 보호하고 지켜 남김.

보기

의존

보존

예 우리나라의 문화유산은 소중하게 ☐☐해야 합니다.

3. 비참하고 끔찍함.

보기

참패

참혹

예 6·25전쟁은 한반도를 피로 물들게 한 ☐☐한 사건이었습니다.

우리나라가 일본에 지배당하던 시절, 많은 독립 운동가들은 우리나라를 되찾기 위해 노력하셨단다. 그 당시 참혹한 모습을 보여 주는 서대문형무소에 관한 글을 읽어 보자!

» 다음 글을 읽고 물음에 답하세요.

가이드 서대문형무소역사관에 오신 여러분들을 환영합니다. 저는 오늘 여러분들에게 서대문형무소에 대하여 소개할 가이드입니다. 혹시 여러분들 중에서 서대문형무소에 대하여 알고 있는 학생이 있나요?

제영 ◆일제강점기 시절 독립 운동가들을 가두어 놓았던 곳이라고 알고 있어요.

가이드 맞습니다. ㉠일본에 빼앗긴 우리나라를 되찾기 위해 우리 조상들은 목숨을 아끼지 않고 독립운동을 했습니다. ㉡우리나라는 1945년에 독립을 하였습니다. ㉢일본은 이러한 독립운동가들을 서대문형무소에 가두고 끔찍한 고문을 했습니다. ㉣당시 서대문형무소에 잡혀 온 독립운동가들만 해도 3,000명이 넘었다고 합니다.

우성 서대문형무소가 원래는 다른 이름이 있었다고 들었어요. 자세히 알려주세요.

가이드 서대문형무소는 1908년 10월 21일 일본에 의해 '경성감옥'이라는 이름으로 지어졌습니다. 1912년 9월 3일에 서대문감옥으로 변경되었으며, 그 이후 서대문형무소, 서울형무소, 서울교도소, 서울구치소로 이름을 바꾸었습니다.

동원 어? 그런데요. 제가 사는 곳에 서울구치소가 있어요.

가이드 맞습니다. 서울이 커지면서 시내 중심에 있는 서울구치소는 1987년 경기도 의왕시로 ◆이전하였습니다. 이에 따라 이곳을 역사의 교훈으로 삼고자, 일부 건물을 보존하여 현재의 서대문형무소역사관을 ◆개관한 것입니다. 따라서 지금 여러분들처럼 이곳을 체험할 수 있지요.

은우 이곳에는 어떤 시설들이 있는지 궁금해요.

가이드 이곳에는 전시관, 중앙사, 12옥사, 11옥사, 순국선열추모비, 사형장 등 그 당시 참혹함을 알려주는 시설들이 있습니다. 순서대로 둘러보며 그 당시 아픔을 함께 느껴볼까요?

◆ **일제강점기** 1910년 일본에 나라를 빼앗긴 이후 1945년 독립되기까지 35년간의 시대.

◆ **이전** 장소나 주소를 다른 데로 옮김.

◆ **개관** 도서관, 박물관, 영화관 등의 기관이 새로 문을 엶.

1 이 글에서 다루고 있지 <u>않은</u> 내용은 무엇인가요? ──────────────── [　　]

① 서대문형무소의 바뀐 이름들

② 서대문형무소가 지어진 년도

③ 서대문형무소역사관의 관람 시간

④ 서대문형무소역사관에 보존된 시설

2 서대문형무소의 이름이 <u>아니었던</u> 것은 무엇인가요? ──────────── [　　]

① 경성감옥　　　　　　　　　② 서울교도소

③ 서울형무소　　　　　　　　④ 서대문교도소

3 ㉠~㉣ 중 글의 흐름과 어울리지 <u>않는</u> 문장은 무엇인가요? ───────── [　　]

① ㉠　　　　　② ㉡　　　　　③ ㉢　　　　　④ ㉣

4 이 글의 내용과 일치하는 것은 무엇인가요? ──────────────── [　　]

① 서대문형무소의 처음 이름은 서울구치소이다.

② 서대문형무소역사관은 경기도 의왕시로 이전하였다.

③ 서대문형무소에서 독립운동가들이 끔찍한 고문을 당하였다.

④ 서대문형무소에 잡혀 온 독립운동가들은 3,000명이 되지 않았다.

5 이 글을 읽고 더 알아볼 내용에 대해 나눈 이야기입니다. 이 글과 거리가 먼 이야기를 한 친구는 누구인가요? ─────────────── [　　　]

① 주희: 그 당시 갇힌 독립운동가들이 누구인지 더 알아보고 싶어.

② 혜근: 서대문형무소의 이름이 여러 번 바뀌었던 까닭을 더 알아보고 싶어.

③ 혜원: 서대문형무소에 갇힌 사람들이 얼마나 잘못된 일을 저질렀는지 더 알아보고 싶어.

④ 지혜: 그 당시 갇힌 독립운동가들이 얼마나 끔찍한 고문을 당하였는지 더 알아보고 싶어.

6 **보기**의 낱말을 모두 사용하여 이 글의 중심 내용을 정리해 보세요.

> **보기**
>
> 경성감옥　　　독립운동가　　　서울구치소

　　서대문형무소는 일제강점기 시절 우리나라 __(1)____________들을 가두어 놓고 끔찍한 고문을 한 곳으로 1908년 10월 21일 일본에 의해 __(2)____________(이)라는 이름으로 지어졌다. 이후 __(3)____________(이)라는 이름으로 변경되어 경기도 의왕시로 이전하였지만, 원래의 자리를 역사의 교훈으로 삼고자, 일부 건물을 보존하여 현재의 서대문형무소역사관을 개관하였다.

자신감 스티커

독해력 자신감을 풀 때마다 '독해 일지'에 스티커를 붙여 학습 만족도를 확인하세요.

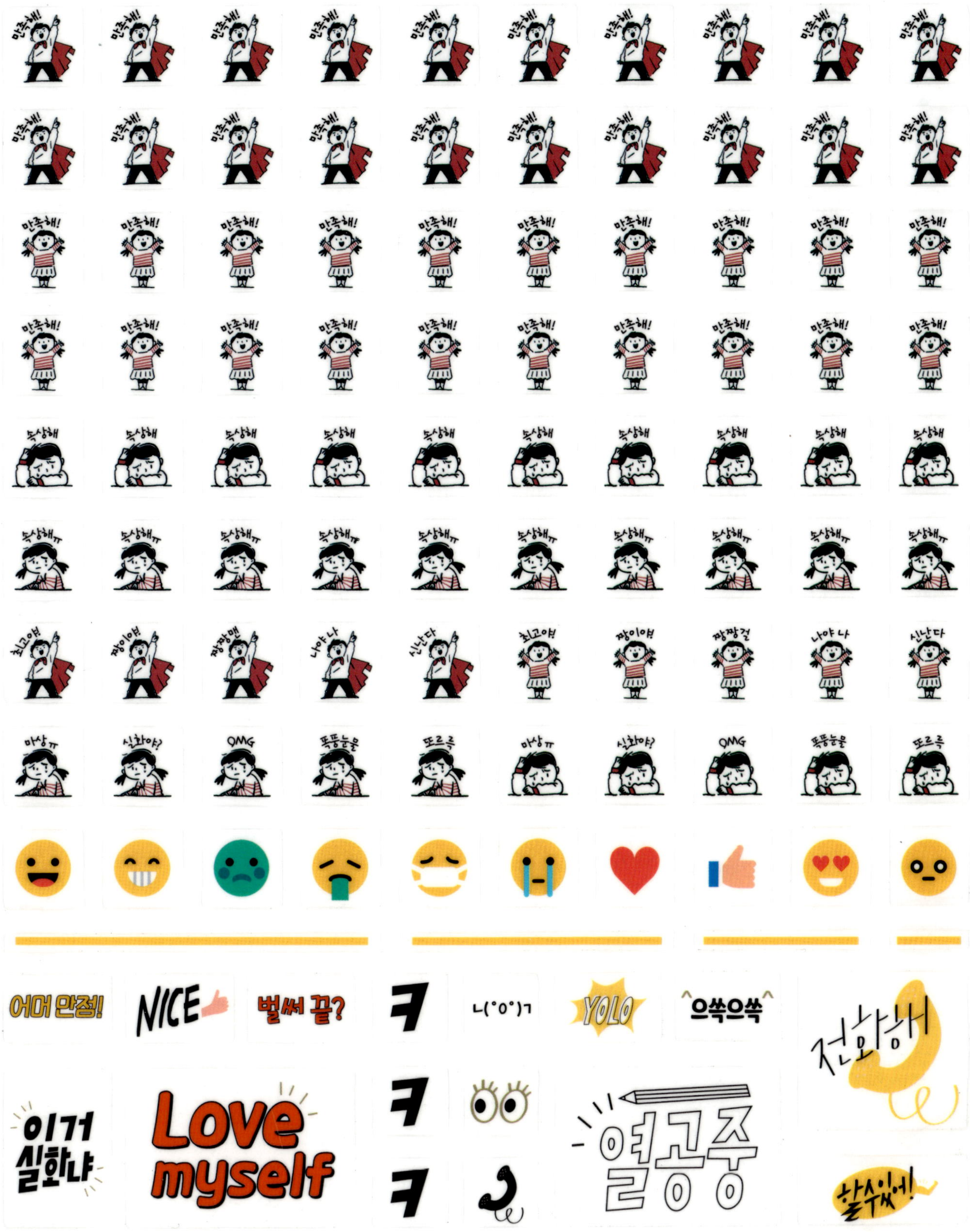

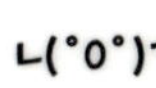

독해력 자신감

초등 국어

3단계

정답과 해설

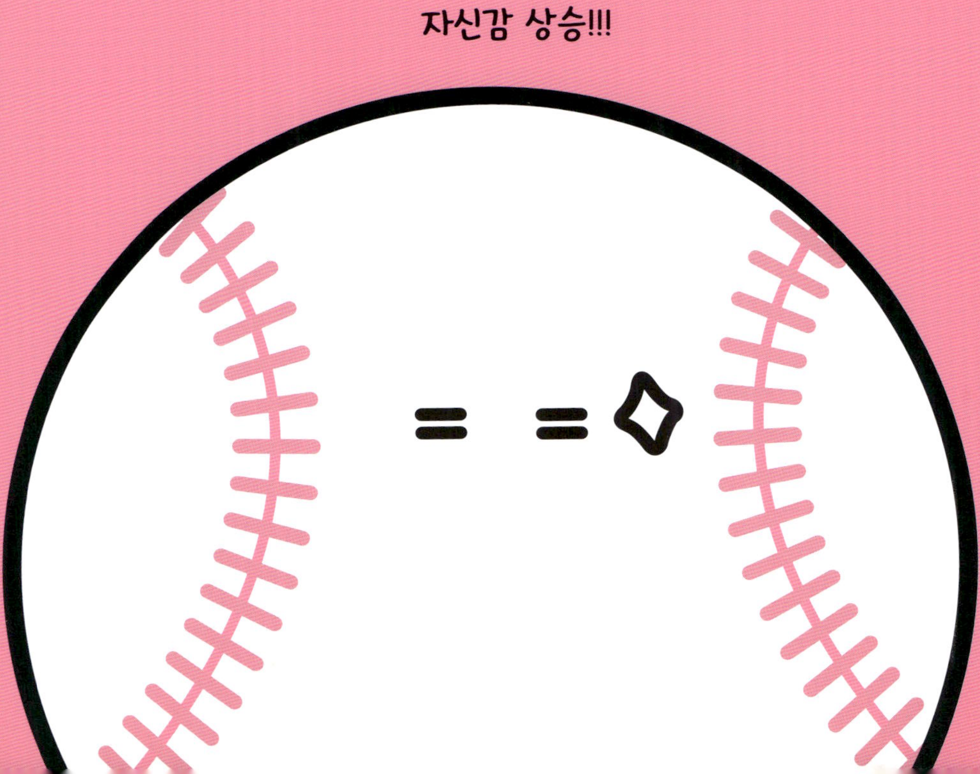

중심 낱말과 중심 내용 찾기

10~11쪽

01 ②　　　　**02** ②
03 ④　　　　**04** ③

01 이 글은 산타클로스의 유래를 다룬 글이므로 중심 낱말은 '산타클로스'입니다.

02 이 글은 전체적으로 '크리스마스' 하면 생각나는 '산타클로스'가 생기게 된 유래를 설명하고 있습니다. 그러므로 중심 내용은 '산타클로스는 성 니콜라스의 선행으로부터 유래되었다.'라고 할 수 있습니다.

03 이 글은 백일잔치에 올라가는 백설기, 인절미, 수수팥떡과 같은 '백일 떡'을 소개하고 있습니다. 또한, '백일 떡은 아이의 건강과 성장, 좋은 기운을 기원하는 의미를 담고 있음'을 설명하고 있습니다.

04 예로부터 좋지 않은 기운이나 액을 막는다는 팥의 고물을 묻힌 수수팥떡은 아이에게 다가올 좋지 않은 기운을 미리 막는 의미가 담겨 있습니다. 순수하고 깨끗하게 자라라는 의미는 하얀색 '백설기'에 담겨 있습니다.

중심 문장과 뒷받침 문장 찾기

13~15쪽

01 ④　　　　**02** ④　　　　**03** ③
04 (1) ㄹ　(2) ㄱ, ㄴ, ㄷ　　**05** ④

01 색을 저마다 갖는 느낌이 있어서 그 느낌에 맞는 분야나 상품에 활용된다는 중심 내용(ㄹ)을 몇 가지 예(ㄱ~ㄷ)를 들어 설명하고 있습니다.

02 이 글은 스쿨존이 필요한 까닭(ㄹ)을 설명하고 있으며, 이를 위해 근거(ㄴ, ㄷ)를 들고 있습니다. ㄱ은 스쿨존에 설치된 안전장치를 덧붙여 설명하는 문장입니다. 따라서 중심 문장은 ㄹ입니다.

03 스쿨존은 어린이들을 보호하고 교통사고를 예방하기 위한 곳이므로 '태민'이가 올바르게 말하였습니다.

04 이 글의 중심 문장은 ㄹ '교실에서는 뛰어다니지 말아야 합니다.'이며, 그 근거가 되는 문장인 ㄱ, ㄴ, ㄷ이 뒷받침 문장입니다.

05 교실 창문을 열어 환기를 시키더라도 먼지가 날려 건강에 좋지 않다고 설명하고 있으므로, '지원'이의 반응은 적절하지 않습니다.

원인과 결과 파악하기

17~19쪽

01 (1) DNA (2) 다릅니다
02 (1) ㄴ, ㄷ, ㄹ　(2) ㄱ
03 ②　　　　**04** ④　　　　**05** ③

01 이 글에서는 결과에 해당하는 '사람들의 생김새는 저마다 다릅니다.'가 첫 문장으로 나오고, 그 원인에 해당하는 'DNA가 사람마다 다르기 때문입니다.'가 마지막 문장에 들어있습니다. '~ 때문이다.'라는 표현은 원인을 나타낼 때 사용됩니다.

02 이 글에서는 ㄱ '두근거림'의 증상(결과)의 원인으로 ㄴ '불안 장애', ㄷ '스트레스가 심해진 경우', ㄹ '심장 박동의 이상'을 말하고 있습니다.

03 불안 장애는 두근거림이 생기는 가장 흔한 '정신적 원인'입니다.

04 ㄷ과 ㄹ 사이에 있는 '때문에'라는 말을 통해 ㄷ과 ㄹ은 서로 원인과 결과 관계에 있음을 알 수 있습니다.

05 앞의 내용으로 보아 '이와 같은 식품'을 가리키는 귤, 오렌지, 레몬, 마늘에는 각각 비타민 C, 알리신과 같은 감기를 예방하는 영양소가 들어 있음을 알 수 있습니다.

독해 기술 4회 — 사실과 의견 구별하기

22~23쪽

01 ③　　**02** ③
03 ④　　**04** ③

01 ㉣은 '사실'이 아닌 글쓴이의 '의견'을 나타낸 문장입니다.

02 세무서에서는 공정하게 세금을 걷고, 잘못 거두어진 세금을 돌려주는 일을 하고 있다고 설명하고 있습니다. 그러므로 잘못 거두어진 세금으로 학교 지원을 한다는 '희랑'이의 말은 적절하지 않습니다.

03 '~노력해야 해요.'라는 표현을 통해 ㉣은 '사실'이 아니라 글쓴이의 '의견'이라는 것을 알 수 있습니다.

04 김치의 양념으로 쓰이는 고추와 마늘은 소화가 잘되게 해 주고 노화를 억제해 주는 성분이 들어 있으며, 생강은 혈액 순환에 도움을 준다고 설명하고 있으므로 ③ '김치의 양념으로 쓰이는 고추, 생강, 마늘 등은 단백질을 보충해 준다.'는 이 글의 내용과 다릅니다. 단백질을 보충해 주는 것은 양념이 아닌 '해산물이나 젓갈'이라고 하였습니다.

독해 기술 5회 — 시에 나타난 감각적 표현 알기

26~27쪽

01 ①　　**02** ②
03 ③　　**04** ③

01 ㉠은 시금치의 색을 나타낸 '시각적' 표현이고, ㉡은 떡볶이의 달콤한 맛을 '미각적'으로 표현한 것입니다.

02 [가]의 1연에서 잠시 맛없다고 표현하였지만, 2연에서 다시 시금치를 먹고 '힘이 불끈', '몸이 튼튼' 해져 '시금치 사우루스'가 된 듯하다고 표현하고 있으므로 시금치를 먹지 않겠다는 마음이 느껴지지는 않습니다.

03 시의 제목과 1연의 내용을 통해, 이 시에서 표현하고 있는 대상은 '조약돌'임을 알 수 있습니다.

04 ㉠은 조약돌이 시냇물을 튀기는 소리를 나타낸 '청각적' 표현, ㉡은 조약돌이 굴러가는 모습을 나타낸 '시각적' 표현입니다.

독해 기술 6회 — 이야기에서 일이 일어난 차례 알기

30~31쪽

01 (1) ㄷ (2) ㄴ (3) ㄱ
02 (1) 런던 (2) 네덜란드 (3) 인도양

01 시간을 나타내는 말을 찾아 날씨를 나타낸 부분을 살펴보면 답을 찾을 수 있습니다. 먼저 '밤새' 비바람이 몰아쳤고, '아침이 되자' 햇빛이 반짝였으며, 사흘 후 '점심때가 지나자' 갑자기 소나기가 내리기 시작하였습니다.

02 주인공인 '나'는 '영국의 한 작은 마을'에서 태어나 '런던'에서 유명한 외과 의사인 페이트 선생님의 조수로 지냈고, 의사 공부를 마친 뒤 '네덜란드'에서는 물리학을 공부하였습니다. 그리고 그후 항해를 하던 중 '인도양'으로 들어선 어느 날 폭풍을 만나 배가 암초에 부딪혀 가라앉고 '나'는 '어느 해안가'에 닿았다고 하였습니다.

수릿날 이야기

주제
단오가 되면 우리 조상들은 창포물에 머리 감기, 부채 선물하기, 씨름하기 등 다양한 풍습을 즐겼다.

┌ 3가지 모두 같은 의미 ┐
'수릿날'이라고도 불리는 단오는 음력 5월 5일로, 우리 전통 명절 중의 하나입니다. 단오의 '단'은 처음, '오'는 다섯째로 '초닷새(매달 첫날부터 다섯 번째 되는 날)'를 의미합니다. 농사를 중요하게 생각하던 옛날, 단오는 파종을 하고 모내기를 끝낸 후 풍년을 기원하며 잠시 쉴 수 있던 날이었습니다. 우리 조상들은 이러한 단옷날에 다양한 풍습을 즐겼습니다. ➡ 단오의 의미
중심 낱말

글 전체의 중심 문장
첫 번째, 여자들은 창포물에 머리를 감았습니다. 높이 30센티미터 내외인 ⓐ창포는 연못가나 도랑에서 자라는 ① 식물로 향기가 진합니다. 옛날 사람들은 창포의 향기로 ◆액운을 쫓고 병마를 이겨 낼 수 있다고 믿었습니다. 또한, ④ 창포의 잎과 뿌리를 우려낸 물에 머리를 감으면 머리카락이 잘 빠지지 않고 윤기도 난다 하여 단옷날이면 창포물에 머리를 감았다고 합니다. ➡ 단오의 풍습 ① 창포물에 머리 감기
② 문단의 중심 문장 ① 창포의 특징

두 번째, 서로에게 부채를 선물하였습니다. ㉠조선 시대 임금은 단오가 되면 신하들에게 부채를 선물하였는데 이를 '단오선'이라고 합니다. ㉡이것을 시작으로 후대에 와서는 서로에게 단옷날 부채를 선물하는 풍습이 생겼습니다. ㉢부채는 모양에 따라 자루가 달린 단선과 접었다 펼치는 접선으로 나뉩니다. ㉣부채를 선물하는 것에는 다가오는 여름을 건강하게 지내고, 무더위를 함께 지혜롭게 이겨 내자는 좋은 의미가 담겨 있습니다. ➡ 단오의 풍습 ② 부채 선물하기
문단의 중심 문장   부채를 선물하는 의미

세 번째, 씨름을 하였습니다. 우리나라 고유의 운동인 씨름은 예로부터 내려온 힘겨루기 운동으로 화합과 단결을 의미합니다. 그래서 나라에 경사스러운 일이 있을 때마다 씨름을 수시로 하였습니다. 수많은 씨름 대회 중에서도 단연 으뜸은 바로 단오 씨름 대회입니다. 단옷날 마을의 넓은 마당에는 씨름을 하러 온 사람들이 ◆인산인해를 이루었다고 합니다. ➡ 단오의 풍습 ③ 씨름하기
문단의 중심 문장   씨름의 의미

이 밖에도 우리 조상들은 단오가 되면 그네 타기, 수리취떡 먹기, 앵두 화채 만들기 등 다양한 풍습을 즐겼습니다. ➡ 그 밖의 단오 풍습

1 이 글에서는 단오의 의미와 창포물에 머리 감기, 부채 선물하기, 씨름하기 등 단옷날 즐긴 다양한 풍습에 대해 말하고 있습니다. 따라서 이 글은 '단오의 의미와 풍습'에 대해 설명하는 글입니다.

2 이 글은 전체적으로 수릿날이라고도 불리는 단오와 단옷날 즐긴 다양한 풍습에 대해 말하고 있습니다.

3 창포의 열매에 대한 활용법을 설명한 내용은 이 글에서 찾을 수 없습니다.
오답풀이 ①, ②, ④는 지문의 초록색 부분에서 확인할 수 있습니다.

4 세 번째 문단은 단옷날에 서로에게 부채를 선물하는 풍습의 유래와 의미에 대해 설명하는 부분입니다. ㉠, ㉡은 단오에 부채를 선물하게 된 유래, ㉣은 부채를 선물하는 의미가 나타나 있지만, ㉢은 부채의 종류에 대한 설명이므로 글의 흐름에 어울리지 않습니다.

5 단옷날에 하는 씨름은 힘겨루기 운동으로 화합과 단결을 의미한다고 하였습니다. 따라서 씨름을 통해 힘이 센 사람만 살아남는다는 것을 배웠다는 '도훈'이의 반응은 옳지 않습니다.

6 정답 (1) 창포물에 머리 감기 (2) 씨름하기 (3) 액운을 쫓고 병마를 이겨 내기를 소망함. (4) 무더운 여름을 건강하게 보내기를 기원함.

반려동물을 대하는 자세

주제

반려동물을 아끼고 사랑하는 방법에는 반려동물을 내 가족처럼 생각하기, 책임감 느끼기, 생명 존중하기가 있다.

［ ㉠우리 사회에서 반려동물을 키우는 인구가 1,000만 명을 넘어섰습니다. 이것은 1~2인 가구가 늘어나면서 외로움을 달래기 위해 반려동물을 키우고 싶어 하는 사람들이 많아졌기 때문입니다. 그런데 늘어나는 반려동물 못지않게 버려지거나 학대당하는 반려동물의 수도 급증하였다고 합니다. 반려동물을 아끼고 사랑하기 위해서 우리는 어떤 노력을 해야 할까요? ］➡ 반려동물 보호의 실태

중심 낱말
사실
사실

［ 첫째, ①반려동물을 내 가족처럼 생각해야 합니다. 반려동물은 단지 보고 귀여워하는 것을 넘어서 마음으로 의지하며 더불어 살아가는 가족과 같은 삶의 ◆동반자입니다. '반려'란 함께 짝이 되는 존재라는 뜻입니다. ㉡내 가족을 아끼듯이 반려동물도 아끼고 사랑해야 합니다. ］➡ 반려동물을 내 가족처럼 생각하기

의견

［ 둘째, ㉢반려동물에 대해 책임감을 느껴야 합니다. 단순한 호기심이나 귀엽고 예쁘다는 까닭으로 반려동물을 키워서는 안 됩니다. 많은 수의 반려동물이 처음에는 귀엽고 예쁘다는 까닭으로 입양되었다가 ②늙거나 병들고, 심지어 덩치가 커졌다는 까닭으로 버려지는 경우가 많습니다. 반려동물을 키울 때는 책임감을 느끼고 ④예방 접종 및 약 투여 등 건강 관리에도 신경 쓰며, 늙거나 병들어 죽을 때까지 키워야 합니다. ］➡ 반려동물에 대한 책임감 느끼기

의견
의견

［ 셋째, 반려동물의 생명을 존중하여야 합니다. 반려동물은 사람과 같이 추위, 배고픔, 고통을 느끼며 두려움, 기쁨 등의 감정을 가진 생명체이기 때문입니다. ㉣따라서 반려동물을 인형이나 장난감 다루듯이 함부로 대하거나 학대해서는 안 됩니다. ］➡ 반려동물의 생명 존중하기

의견
까닭
의견

［ 이처럼 반려동물을 내 가족처럼 아끼고 사랑하며, 반려동물에 대해 책임감을 느끼고 생명을 존중한다면 반려동물 유기나 학대에 관한 기사를 더 이상 접하지 않게 될 것입니다. 사람과 반려동물의 행복한 ◆동행이 이루어지는 사회를 만들어 갑시다. ］
➡ 반려동물과 동행하는 사회 만들기 당부

1 이 글의 글쓴이는 반려동물을 아끼고 사랑하기 위하여 세 가지 노력을 기울여야 한다고 주장하고 있습니다. 따라서 이 글은 자신의 생각을 주장하는 글에 해당합니다.

오답풀이 ① 상상하여 꾸며 낸 글에는 대표적으로 이야기(동화)가 있습니다. ③ 어떠한 정보를 전달하는 글에는 대표적으로 설명서, 안내장이 있습니다. ④ 여러 가지 마음을 표현하는 글에는 대표적으로 편지가 있습니다.

2 이 글에서는 유기를 당하거나 학대당하는 반려동물의 수가 증가하고 있다는 문제점을 들고 있습니다. 이에 따라 반려동물을 내 가족처럼 생각하기, 반려동물에 대해 책임감 느끼기, 반려동물의 생명 존중하기를 통해 반려동물을 아끼고 사랑하는 태도를 길러야 한다고 주장하고 있습니다.

3 ㉠~㉣ 중 실제로 있었던 일을 그대로 나타낸 '사실'은 ㉠입니다. ㉡~㉣은 '~해야 합니다.'라는 표현을 통해 글쓴이의 생각을 나타낸 의견입니다.

4 지문의 초록색 부분에서 확인할 수 있습니다. 반려동물 사랑을 실천하는 방법은 내 가족처럼 생각하기, 책임감 느끼기, 생명 존중하기입니다. '종국'이는 반려동물을 내 마음대로 할 수 있는 재미있는 장난감으로 생각했다는 점에서 반려동물 사랑을 실천하고 있지 않습니다.

오답풀이 ① 재석은 '내 가족처럼 생각하기', ② 지효와 ④ 소민은 '책임감 느끼기'를 실천하고 있습니다.

5 반려동물의 생명을 존중해야 하는 까닭은 네 번째 문단에서 알 수 있습니다.

정답 사람과 같이 추위, 배고픔, 고통을 느끼며 두려움, 기쁨 등의 감정을 가진 생명체이기

착시 현상을 체험해 보자!

41쪽	
1 체험	2 온전
3 현실	

42~44쪽			
1 착시	2 ④	3 ④	4 ③
5 ①	6 ③		

주제
착시가 생기면 길이나 넓이가 실제와 다르게 보이며, 선과 면의 착시를 이용하면 현실에서 불가능한 도형을 그릴 수 있다.

[가] 사람들은 가끔 실제와는 다르게 착시를 느낄 때가 있습니다. 착시가 생기면 선이나 모양이 실제와 다르게 보이기도 하고, ③먼 것과 가까운 것의 위치가 바뀌어 보이기도 합니다. 신비로운 착시 *현상을 체험해 봅시다. → 착시 현상 소개
(중심 낱말)

[나] 〈그림 1〉에서 두 선분 중 어떤 선분의 길이가 더 긴지 맞추어 보세요. 그리고 자로 재서 길이를 확인해 보세요. 어떤가요? 두 선분은 길이가 같습니다. 하지만 아래쪽 선분이 더 길어 보이는 까닭은 ④양 끝에 붙어 있는 화살 표시의 영향 때문입니다. → 길이에 관한 착시의 예
(착시 현상 체험 ①) (착시 까닭)

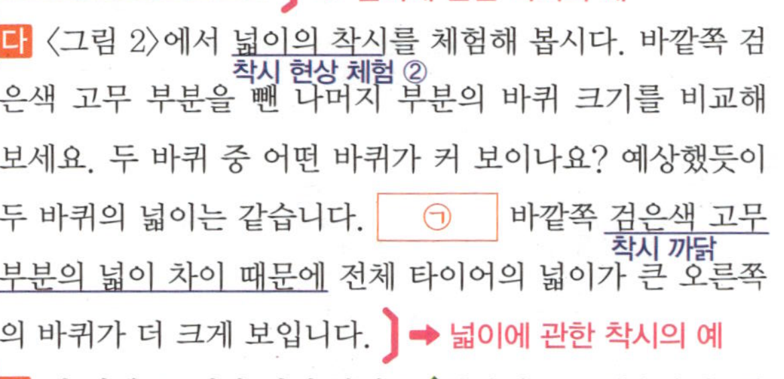
▲ 〈그림 1〉

[다] 〈그림 2〉에서 넓이의 착시를 체험해 봅시다. 바깥쪽 검은색 고무 부분을 뺀 나머지 부분의 바퀴 크기를 비교해 보세요. 두 바퀴 중 어떤 바퀴가 커 보이나요? 예상했듯이 두 바퀴의 넓이는 같습니다. ㉠ 바깥쪽 검은색 고무 부분의 넓이 차이 때문에 전체 타이어의 넓이가 큰 오른쪽의 바퀴가 더 크게 보입니다. → 넓이에 관한 착시의 예
(착시 현상 체험 ②) (착시 까닭)

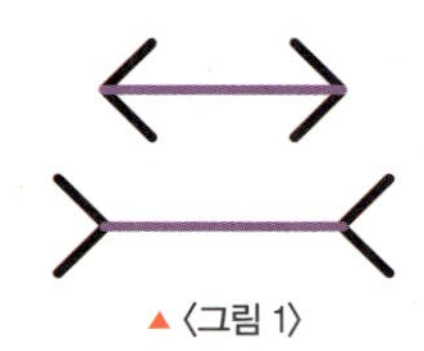

▲ 〈그림 2〉

[라] 세 번째로, 선과 면의 착시를 *복합적으로 이용하면, 현실에서는 불가능한 도형들을 그릴 수 있습니다. 〈그림 3〉을 살펴보면, 양 바깥쪽 끝에 있는 막대의 모양만이 온전할 뿐 나머지는 완성된 도형의 모양이 아닙니다. 우리의 ②눈이 전체 도형 중 일부 그려놓은 선만 보아도 완성된 면으로 착각하기 때문에 가능한 그림입니다. → 복합적 착시의 예
(착시 현상 체험 ③)

▲ 〈그림 3〉

[마] 우리의 눈은 컴퓨터처럼 정확하지 못합니다. ㉡ 눈이 본 것을 읽어내고 생각하는 역할을 하는 뇌도 마찬가지입니다. 마지막으로 선으로만 이루어진 〈그림 4〉를 봅시다. 여러분의 눈에는 어떻게 보이나요? → 착각을 일으키는 사람의 눈과 뇌
(착시 현상 체험 ④)

▲ 〈그림 4〉

1 이 글은 대표적인 착시 현상의 사례를 체험해 보는 내용으로, 가장 중심이 되는 낱말은 '착시'입니다.

2 **마** 문단에서 '우리의 눈은 컴퓨터처럼 정확하지 못하고, 뇌도 마찬가지입니다.'라고 설명하고 있으므로 ④는 이 글의 내용과 일치하지 않습니다.

3 **라** 문단은 선과 면을 복합적으로 이용하여 그려낸 착시에 관한 내용입니다. 도형같이 보이지만 실제로는 그릴 수 없는 도형 착시를 설명하고 있으므로, '도형 문제를 정확히 푸는 법'과는 관련이 없습니다.

4 문장의 앞과 뒤의 관계를 생각하여, 적절한 연결어를 넣는 문제입니다.
㉠의 앞 문장은 두 바퀴의 넓이가 '같다'는 내용이고, 뒤 문장은 두 바퀴의 넓이가 '다르게' 보인다는 내용입니다. 그러므로 두 문장 사이에는 서로 반대의 내용을 이어 주는 연결어인 '그러나' 또는 '하지만'이 적절합니다.
㉡의 앞 문장은 눈이 정확하지 못하다는 내용이고, 뒷 문장은 뇌 역시 마찬가지라는 뜻입니다. 그러므로 두 문장 사이에는 서로 비슷한 내용을 이어 주는 연결어인 '그리고'가 적절합니다.
오답풀이 '그래서'나 '그러므로'는 앞의 내용이 뒤의 내용에 대한 까닭 혹은 근거를 이어 주는 연결어입니다.

5 착시를 일으키면 색깔이 실제와 다르게 보일 수 있는지는 이 글에서 설명하고 있지 않습니다.
오답풀이 ②, ③, ④는 지문의 초록색 부분에서 확인할 수 있습니다.

6 '펜로즈의 삼각형'은 선과 면의 착시를 복합적으로 이용한 도형 착시의 예입니다. 복합적 착시와 관련있는 문단은 **라** 문단입니다.

지구 신발 _ 함민복

작품 해제

- 구성: 5연 14행
- 제재: 뻘
- 주제: 맨발로 뻘에 들어가는 즐거움
- 특징: 뻘을 지구 신발에 빗대어 주제를 감각적으로 표현함.

너 지구 신발 신어 봤니?

맨발로 *뻘에 한번 들어가 봐
말랑말랑한 (뻘)이 간질간질
뻘의 느낌을 촉각적으로 표현　　뻘에 들어갔을 때의 발가락의 느낌을
(발가락) 사이로 스며들며　　촉각적으로 표현

금방 발에 딱 맞는

신발 한 켤레가 된다
지구 신발 표현의 근거

그게 지구 신발이야

지구 신발은
뻘을 지구 신발로 비유함.
까칠까칠 *칠게 발에도

*낭창낭창 (도요새 발)에도

보들보들 (아이들 발)에도

우락부락 (어른들 발)에도

다 딱 맞아

지구 신발 한번 꼭 신어보렴

1 이 시는 맨발로 뻘에 들어가 걷는 것의 즐거움을 촉각적 표현과 시각적 표현을 사용하여 나타낸 시입니다.

2 2연의 '맨발로 뻘에 한번 들어가 봐', '금방 발에 딱 맞는 신발 한 켤레가 된다'와 5연의 '지구 신발 한번 꼭 신어보렴'의 시구에서 '맨발로 한번 땅을 걸어보자.'라는 주제를 알 수 있습니다.

3 2연과 4연에 표시된 초록색 부분에서 확인할 수 있습니다. 감각적 표현(앞)이 낱말(뒤)을 꾸며줍니다.

4 2연의 '맨발로 뻘에 한번 들어가 봐', '신발 한 켤레가 된다'와 3연의 '그게 지구 신발이야'를 바탕으로 결국 뻘이 '지구 신발'임을 알 수 있습니다. 따라서 '지구 신발'이 의미하는 것은 '뻘'입니다.

5 이 시의 말하는 이는 맨발로 뻘에 들어갔던 경험을 이야기하고 있습니다.

오답풀이 ① 칠게에게 발을 물렸다는 내용은 나타나지 않습니다.
③ 2연에서 뻘에 들어갔을 때 발가락의 느낌을 '간질간질'로 표현하였습니다.
④ 4연에서 아이들과 어른들도 맨발로 뻘에 들어가 볼 수 있다고 말하였습니다.

독해 적용
5회

옛날의 통신 수단, 봉수

주제

옛날에는 급한 일이 생기면 '봉수'를 사용하여 소식을 전하였다.

누군가에게 급하게 알려야 할 일이 생기면 여러분은 어떻게 하나요? 오늘날에는 전화나 휴대 전화, 인터넷 등을 사용하여 간편하고 빠르게 연락을 합니다. 그렇지만(오늘날과 같은 통신 수단이 없었던 과거에는 어떻게 소식을 알렸을까요? ➡ 오늘날의 통신 수단

옛날에는 사람이 직접 소식을 전하러 먼 길을 걸어가거나 말을 타고 갔습니다. 하지만(그러기에는)시간과 노력이 많이 필요했기 때문에 긴급한 일을 전할 때는 말이나 사람보다 더 신속하고 효과적으로 연락할 수 있는 봉수를 사용했습니다. ➡ 옛날의 통신 수단인 봉수
중심 낱말

①삼국 시대부터 시작되어 조선 시대까지 이어진 봉수는 급한 소식을 전하던 통신 수단으로, 횃불을 의미하는 '봉'과 연기를 뜻하는 '수'가 합쳐진 말입니다. ㉠봉수는 의미 적의 침입에 대한 중요한 정보를 임금님이 계시는 한양에 전하던 그 당시 가장 빠른 통신 수단이었습니다. ㉡낮에는 연기로, 밤에는 멀리서도 잘 볼 수 있도록 횃불로 소식을 전달했습니다. ㉢오늘날에는 인터넷과 전화를 통하여 단 몇 초 만에 세 방법 계 전역으로 소식을 전할 수 있습니다. ㉣전국 어느 곳이든 약 12시간이면 봉수를 사용하여 한양까지 소식을 전달할 수 있었다고 합니다. ➡ 봉수의 의미와 방법, 속도

당시 봉수의 신호 방식을 살펴보면 평소에는 1홰, 적이 나타나면 2홰, 경계에 접근하면 3홰, 경계를 침범할 때는 4홰, 치열하게 접전 중이면 5홰로 알리게 되어 있었습니다. ③비바람이 심하여 봉수로 소식을 전하기 어려운 상황에서는 화포 또는 나팔과 같은 소리나 깃발을 사용하였고, 이것도 어려운 경우에는 사람이 직접 다음 지역으로 달려가 소식을 전하였다고 합니다. ➡ 봉수의 신호 방식

조상들의 지혜가 엿보이는 체계적 통신 수단이었던 봉수는 조선 시대 후기에 근대적인 통신 방식이 도입되자 우리 땅에서 사라지게 되었습니다. ➡ 봉수의 소멸

◀ 남산에서 볼 수 있는 봉수대의 모습

1 이 글은 옛날의 통신 수단인 봉수에 대한 정보를 전달하는 글입니다.

오답풀이 ① 상대를 설득하는 글에는 대표적으로 논설문이 있습니다.
② 상상하여 꾸며 낸 글에는 대표적으로 이야기(동화)가 있습니다.
④ 자신의 마음을 표현하는 글에는 대표적으로 편지가 있습니다.

2 옛날의 통신 수단이었던 봉수의 의미와 방법, 봉수의 속도와 신호 방식에 대해 설명하고 있습니다. 따라서 가장 중심이 되는 낱말은 '봉수'입니다.

3 지문의 초록색 부분에서 확인할 수 있습니다.

오답풀이 ② 봉수는 낮에는 연기, 밤에는 횃불로 소식을 전달하였습니다.
③ 비바람이 심하여 봉수로 소식을 전하기 어려운 상황에서는 화포 또는 나팔과 같은 소리나 깃발을 사용하였습니다.

4 세 번째 문단에서는 봉수의 의미와 방법, 속도를 설명하고 있습니다. ㉠은 그 당시 봉수의 중요성, ㉡은 봉수의 방법, ㉣은 봉수의 속도에 대해 설명하는 문장입니다. 그러나 ㉢은 오늘날 통신 수단인 인터넷과 전화의 속도에 관한 내용이므로 문단의 흐름에 어울리지 않습니다.

5 그림 속 봉수는 2개의 홰가 연기를 뿜어내고 있습니다. 네 번째 문단에서 봉수는 홰의 개수로 의미를 전달한다고 설명하였습니다. 평소에는 1홰, 적이 나타나면 2홰, 경계에 접근하면 3홰, 경계를 침범할 때는 4홰, 접전 중이면 5홰로 알린다고 하였습니다. 그림 속 봉수는 2홰이므로 적이 나타난 상황을 의미하는 신호입니다.

독해 적용 6회

발레리나, 강수진

53쪽

1 재활　2 유학
3 열정

54~56쪽

1 강수진　2 ④　3 ①　4 ③
5 (1) ○ (2) ○ (3) ○ (4) △　6 두준

주제 어려움을 이겨 내고 최고의 발레리나가 된 강수진의 끝없는 노력과 열정은 많은 사람에게 본보기가 되었다.

강수진은 1967년, 서울에서 태어났습니다.(사실) 어린 시절 강수진은 우연히 무용수의 동작을 따라 한 것을 계기로 한국 무용을 배우기 시작하였습니다. 한국 무용을 배우던 강수진은 중학교 시절 발레로 전공을 바꾸었고, 일 년 후, 모나코 왕립발레학교로 유학을 떠나게 됩니다. → 강수진이 발레를 시작하게 된 배경

㉠아는 사람 하나 없고 말도 통하지 않는 유학 생활은 정말 외롭고 힘들었습니다. 그럴수록 강수진은 더욱 마음을 다잡았고, ④밤마다 자는 시간도 아끼면서 누구보다 열심히 연습하며 발레 실력을 키워갔습니다. 이러한 노력 끝에 그녀는 ①로잔국제발레 *콩쿠르에서 우승하였고, ②독일 슈투트가르트 발레단에 최연소로 *입단하면서 세계의 주목을 받게 됩니다. 입단 12년 만에 그녀는 수석 발레리나로 *승급하였고,(사실) 곧이어 무용계의 아카데미상이라 불리는 '브누아 드 라 당스'의 최고 여성무용수 상을 수상하는 *쾌거를 이루었습니다. → 강수진의 유학 생활 및 노력의 결과

하지만 기쁨도 잠시, ㉡강수진은 다리뼈에 금이 가 재활에 성공하지 못하면 영영 발레를 그만둬야 할 큰 위기에 맞닥뜨리게 됩니다. 강수진은 용기를 내어 재활 치료를 시작하였고, ③15개월의 치료 끝에 다시 무대 위 여주인공으로 돌아갈 수 있었습니다. 큰 어려움을 극복한 강수진은 2002년 동양인 최초로 캄머 탠처린 상을 받으며 전설적인 무용가로 자리매김하게 되었고,(사실) 2016년 「오네긴」 공연을 끝으로 입단 30년 만에 현역 생활을 마무리하였습니다. → 위기를 극복하고 전설적인 무용가로 자리매김한 강수진

강수진이 전 세계 관중의 마음을 뒤흔드는 최고의 발레리나가 될 수 있었던 까닭은 화려한 무대 뒤에서 상상하기도 어려운 노력을 했기 때문입니다. 그녀는 언제나 누구도 아닌 자신과 싸우며 앞으로 나아갔습니다. 강수진이 보여 준 끝없는 열정은 오늘도 많은 사람에게 본보기가 되고 있습니다.(의견) → 많은 사람에게 본보기가 된 강수진의 노력과 열정

1 이 글은 발레리나 강수진에 대해 쓴 전기문입니다.

2 강수진의 삶을 통해 얻을 수 있는 교훈은 강수진처럼 외롭고 힘든 유학 생활에서도 마음을 다잡는 '노력'과 재활 치료를 극복하는 '열정'을 가진다면 강수진처럼 최고의 발레리나가 될 수 있다는 것입니다.

3 ㉠에서는 쓸쓸하고 슬픈 감정, ㉡에서는 두려운 감정을 느낄 수 있습니다.

4 지문의 초록색 부분에서 확인할 수 있듯이 강수진은 15개월의 치료 끝에 재활에 성공하여 무대 위 여주인공으로 돌아갈 수 있었습니다. 따라서 강수진이 재활에 성공하지 못하여 많은 어려움을 겪었다는 내용은 이 글의 내용과 일치하지 않습니다.

5 실제로 있었던 일이나 현재 일어나는 일을 '사실'이라고 하고, 그 일에 대한 생각이나 느낌을 '의견'이라고 합니다. (1), (2), (3)은 강수진에게 실제로 있었던 일을 나타낸 '사실'이고, (4)는 강수진에 대한 글쓴이의 주관적인 생각과 느낌을 나타낸 '의견'입니다.

6 두 번째 문단에서 강수진은 밤마다 자는 시간도 아끼면서 누구보다 열심히 연습했다고 하였습니다. 따라서 타고난 천재이기 때문에 많은 노력을 기울이지 않고도 최고의 무용수가 될 수 있었다고 말한 '두준'이의 반응은 올바르지 않습니다.

탄소 발자국을 줄이자

주제 식물 단백질을 섭취하고 대중교통을 이용하여 탄소 발자국 줄이기에 앞장서자.

가 탄소 발자국이란 일상생활에서 얼마나 많은 이산화 탄소를 만들어 내는지를 양으로 표시한 것을 말합니다. ㉠음식을 먹거나 옷을 사서 입는 등의 모든 과정에서 만들어지는 ③이산화 탄소는 지구 온난화를 일으켜 생태계를 파괴합니다. 따라서 우리는 탄소 발자국을 줄이는 습관을 길러야 합니다. 그렇다면 어떻게 해야 탄소 발자국을 줄일 수 있을까요?
중심 낱말 / 사실 / 원인 / 결과
➡ 탄소 발자국을 줄여야 하는 까닭

나 첫째, ㉡동물 단백질보다 ◆식물 단백질을 먹어야 합니다. 우리가 먹는 음식의 재료를 생산하는 과정에서 이산화 탄소가 많이 만들어집니다. ④특히, 많은 양의 비료와 ◆살충제가 사용되는 소고기는 식품 중에서도 가장 많은 이산화 탄소를 발생시킵니다. 반면 콩과 같은 식물 단백질은 소고기보다 이산화 탄소 발생량이 10배나 적습니다. 따라서 육류보다 식물 단백질 섭취를 늘리면 그만큼 이산화 탄소의 양을 줄일 수 있습니다.
의견
➡ 줄이는 방법 ① 식물 단백질 섭취

다 둘째, 자가용 사용을 줄여야 합니다. ㉢자동차는 짧은 시간 동안 많은 양의 이산화 탄소를 발생시킵니다. 따라서 가까운 거리를 걸어 다닌다면 이산화 탄소를 거의 발생시키지 않을 수 있습니다. 또한, 먼 거리의 경우 ◆대중교통을 이용한다면 각자 자동차를 이용할 때보다 이산화 탄소의 양을 줄일 수 있습니다.
의견 / 사실
➡ 줄이는 방법 ② 대중교통 이용

라 이렇듯 일상생활에서 우리가 무심코 하는 행동에는 탄소 발자국을 늘리는 원인이 되는 것들이 많이 있습니다. ㉣지금부터라도 동물 단백질보다 식물 단백질을 먹고, 자동차 사용을 줄이는 습관을 길러 탄소 발자국을 줄이기 위해 노력합시다.
글 전체의 중심 문장
➡ 탄소 발자국을 줄이기 위한 노력 당부

1 이 글은 탄소 발자국을 줄여야 하는 까닭을 설명하는 가 문단(처음)과 탄소 발자국을 줄이는 방법을 설명하는 나, 다 문단(가운데), 탄소 발자국을 줄이기 위한 노력을 당부하면서 마무리하는 라 문단(마지막)으로 나눌 수 있습니다.

2 이 글은 탄소 발자국을 줄이자는 주제를 말하기에 앞서 우리가 만드는 이산화 탄소가 지구 온난화를 일으켜 생태계를 파괴한다는 문제 상황을 제시하고 있습니다.

오답풀이 ① 사람들이 탄소 발자국의 의미를 모른다는 점을 문제 상황으로 제시하지는 않았습니다.
② 많은 양의 이산화 탄소를 발생시키는 '동물 단백질' 식품을 섭취하는 것을 문제 상황으로 제시하고 있습니다.
④ 일상생활에서 탄소 발자국을 줄이기 위해 노력해야 한다고 하였습니다.

3 지문의 초록색 부분에서 확인할 수 있습니다. 콩은 소고기보다 10배나 적은 이산화 탄소를 발생시킨다고 나타나 있지만, 정확하게 콩에 들어 있는 이산화 탄소의 양은 제시되어 있지 않습니다.

4 '사실'은 글쓴이에 따라 내용이 달라질 수 없지만 같은 사실에 대해서도 글쓴이마다 '의견'은 다를 수 있습니다. 이에 따라 (1)과 (3)은 과학적 지식에 바탕을 둔 '사실'이고, (2)와 (4)는 '~(해)야 한다.'의 표현을 사용한 글쓴이의 '의견'입니다.

5 많은 양의 비료와 살충제가 사용되는 식품은 식물 단백질이 아닌 '동물 단백질'입니다. 동물 단백질은 많은 양의 이산화 탄소를 발생시키므로 탄소 발자국을 줄이기 위해서는 동물 단백질 식품 섭취를 줄이도록 노력해야 합니다.

6 정답 (1) 식물 단백질 (2) 이산화 탄소 (3) 대중교통

건방진 장루이와 68일 _ 황선미

(전략) ➡ 정우가 떡볶이에 치즈를 뿌리자 아이들이 좋아함.

개는 방금 그 표정이 아니었다. 애들이 자기 접시에 떡볶이를 덜어 와 먹는 걸 잔뜩 찡그린 채 보고 있는 게 아닌가. 정우가 녹아서 길게 늘어진 ⓓ치즈를 먹을 때는 거의 토하는 시늉까지 했다.

장루이의 기분: 기분 나쁨, 짜증남

"넌 안 먹냐? 접시 줘. 내가 덜어 줄게."

그 말이 뭐가 어떻다고 장루이가 나를 힐끗 쳐다보더니 나가 버렸다. 도대체 뭐가 문제란 말인가. 다른 애들은 먹느라고 신경도 안 썼지만 나는 개 행동이 아주 못마땅했다. 조금 뒤에 돌아온 장루이는 머리카락이 조금 젖어 있었다. 세수를 한 모양이었다. ➡ 장루이는 표정이 안 좋아지고 토하는 시늉을 함.

"장루이. 이 과자 맛있다."

"집에서 만든 거지? 재료가 뭐야?"

"그래. 알려 줘. 나도 엄마한테 만들어 달래야지."

애들이 과자를 오물거리며 장루이를 쳐다보았다. 장루이가 없는 동안 개 접시에 떡볶이를 담아 주고 과자를 맛있게 먹으며 말을 거는 애들. 그건 친해지려고 노력하는 행동이었다. 그러나 장루이는 아까보다 더 뚱했다. 그리고 딱 그렇게 뚱한 말투로 말했다.

장루이의 기분: 여전히 기분이 좋지 않음

"밀웜."   같은 의미

"밀……뭐?"

"웜. 그게 재료야. 딱정벌레 유충." ➡ 친구들이 과자의 재료를 묻자 장루이가 밀웜이라고 답함.

애들 ㉢입이 딱 벌어지고 표정이 굳어 버렸다.

"유충? 벌레라고?"

"꾸엑!"

정우가 먼저 먹은 걸 토해 냈다. 장루이가 가져온 과자의 재료가 벌레라는 것을 알고 아이들이 비위가 상해 토하거나 뱉으며 괴로워함.

"허억!"

진아가 손바닥에 뱉은 걸 들고 밖으로 뛰쳐나갔다. 여기저기서 토하고 비명 지르고 난리가 났다. 나는 장루이 과자에 손도 대지 않았지만, 기가 막혀서 개를 멍하니 쳐다보기만 했다. ➡ 벌레 과자라는 사실을 알게 된 친구들이 토하고 뱉으며 난리가 남.

장루이는 되레 애들을 스윽 돌아보며 투덜거리듯 중얼거렸다.

"뭐야. 멍청이들……."

그 순간 나도 모르게 장루이에게 달려들었다. 나는 녀석의 멱살을 움켜쥐었고 녀석이 놀라 넘어지는 바람에 같이 나뒹굴었다. ➡ 장루이의 말에 '나'가 장루이에게 달려듦.

㉮ 나의 기분: 화남, 분노

모둠 친구들과 간식 파티를 하다가 장루이가 가져온 밀웜으로 만든 과자 때문에 난리가 났다.

1 학급에서 정우가 만든 치즈 떡볶이에 선생님과 다른 친구들은 모두 좋아하지만, 장루이는 왠지 기분이 나쁜 표정으로 싫어하는 모습을 보입니다. 장루이가 자신이 가져온 과자를 밀웜으로 만든 과자라고 말하자, 아이들이 먹은 과자를 토하거나 뱉으며 난리가 났습니다. 이 내용을 바탕으로 보면 '학급 친구들과 함께 과자를 가져오거나 요리를 하는 간식 파티 상황'임을 알 수 있습니다.

2 ㉠은 정우와 같은 모둠 친구들의 말입니다. 지문의 초록색 부분을 살펴보면, 모둠 친구들의 말에 대한 장루이의 반응이 나타나 있습니다. 장루이는 정우가 떡볶이에 치즈를 뿌리자 잔뜩 찡그린 채 토하는 시늉을 했습니다.

3 ⓐ는 '떡볶이', ⓑ~ⓓ는 모두 정우가 준비해 온 '치즈'를 가리키는 말입니다.

4 이야기의 앞뒤 상황을 생각하며 인물의 행동에 담긴 의미를 파악하는 문제입니다. ㉡은 앞부분 '너무너무 기분이 좋아서'라는 내용으로 보아 '무척 기쁘다.'라는 의미이고, ㉢은 앞뒤의 대화 내용으로 보아 예상치 못하게 과자의 재료가 벌레라는 것에 '무척 놀라다.'라는 의미입니다.

5 ㉮에는 과자의 재료가 밀웜이라는 것을 알고 토하거나 뱉어내며 괴로워하는 친구들을 보며 '멍청이'라고 말한 장루이에게 달려들어 멱살을 움켜쥐는 '나'의 모습이 나타납니다. '나'는 화가 나서 장루이의 멱살을 움켜쥔 것입니다.

독해 적용

9회 화폐의 유래

65쪽

1 유래 2 자급자족
3 물물 교환

66~68쪽

1 ① 2 ③ 3 (1) ㄴ (2) ㄱ (3) ㄷ 4 ④
5 ② 6 (1) 자급자족 (2) 물물 교환 (3) 물품 화폐

주제 자급자족을 하던 옛날에는 돈의 필요성을 모르다가 점차 물물 교환, 물품 화폐의 순서를 거쳐 오늘날의 화폐가 나타나게 되었다.

정우 엄마, 용돈을 주셔서 감사합니다. 그런데 궁금한 게 있어요. 물건을 살 때 돈은 왜 필요한 거예요? 옛날에도 돈이 있었나요?

㉮ 엄마 아주 먼 옛날에는 돈이 없었어. 당시 사람들은 내가 먹어야 할 곡식은 내가 농사지어 먹고, 내가 먹고 싶은 고기도 내가 직접 잡아먹었단다. 이런 것을 '자급자족'이라고 해. 자급자족하는 생활에서는 돈의 존재와 필요성을 모르고 살았지. (문단의 중심 낱말) → 자급자족의 의미

㉯ 그러다가 점점 자신이 사용하고 남는 곡식이나 고기, 물건들을 자신이 필요로 하는 다른 물건과 바꾸고 싶은 마음이 생겼어. 그래서 '물물 교환'이라는 형태의 경제 활동이 나타나게 되었단다. 물물 교환은 돈으로 물건을 사고팔지 않고 직접 물건과 물건을 바꾸는 것을 말해. 예를 들어 쌀을 많이 가진 사람과 콩을 많이 가진 사람이 서로 물건을 맞바꾸는 것이지. (문단의 중심 낱말) → 물물 교환의 의미와 생긴 까닭

정우 그런데 서로 바꾸기를 원하는 물건이 맞지 않을 때도 있지 않나요?

㉰ 엄마 맞아. 서로 필요한 것이 다른 경우 교환을 할 수 없었고, 교환을 할 때에도 공통된 기준이 없어 물건의 가치에 대한 생각이 서로 달라 힘들었단다. 이러한 문제를 해결하기 위해서 사람들은 기준이 되는 물건을 정하여 값을 매기게 되었어. → 물물 교환의 문제점

㉱ 이때 기준이 되는 물건은 부피가 작아야 했단다. 그래야 들고 다니면서 거래하기 편했겠지. 또 단단하면서도 썩거나 상하지 않아서 오래 보관할 수 있어야 했어. 게다가 어느 정도 희귀해야 했단다. 소금이나 가죽, 동물 뼈, 옷감, 조개껍데기 등이 바로 기준이 되는 물건이었고 그중 조개껍데기가 가장 (㉠)이지. 이러한 물건들을 '물품 화폐'라고 해. 이것이 바로 오늘날 화폐의 유래가 된 거야.
(기준이 되는 물건의 특징: 특징 ② 단단하면서도, 특징 ③ 썩거나 상하지 않아서 오래 보관할 수 있어야, 특징 ④ 희귀해야) (문단의 중심 낱말: 물품 화폐)

정우 우아! 우리가 지금 쉽게 쓰고 있는 돈이 어떻게 해서 나타나게 된 건지 자세히 알게 되었어요. → 물품 화폐의 특징과 예시

1 자급자족부터 물물 교환, 물품 화폐를 거쳐 오늘날의 화폐가 나타나게 되었다고 설명하는 내용으로 보아 이 글은 '화폐의 유래'에 대해 알려 주는 글입니다.

2 ㉠ 앞에서 기준이 되는 물건의 예로 소금이나 가죽, 동물 뼈, 옷감을 제시하였으며, '그중', '가장'이라는 낱말로 미루어 보아 ㉠에는 '어떤 분야나 집단의 특징을 가장 잘 나타내는'의 의미를 지닌 '대표적'이 가장 적절합니다.

오답풀이 ① '늘 써서 버릇처럼 된. 또는 그렇 것.'의 의미입니다.
② '견주거나 맞설 만한 것이 없는. 또는 그런 것.'의 의미입니다.
④ '서로 맞서거나 견주는 관계에 있는. 또는 그런 것.'의 의미입니다.

3 (1)은 거래하기 편한 동물 뼈로 물건을 구한다는 '물품 화폐'로 ㉱에서 설명하고 있으며, (2)는 내가 먹어야 할 곡식은 내가 농사지어 먹는 '자급자족'으로 ㉮에서 설명하고 있습니다. (3)은 남은 물건을 서로 바꾼다는 '물물 교환'으로 ㉯에서 설명하고 있습니다.

4 ㉱를 살펴보면 물품 화폐의 예로 소금, 가죽, 동물 뼈, 옷감 등이 있었으며, 그중 가장 대표적인 것이 조개껍데기라고 하였습니다. 지문의 초록색 부분에서 확인할 수 있듯이 물품 화폐의 기준이 되는 물건의 특징을 네 가지로 따져 보았을 때, 물고기는 '단단해야 하고 오래 보관할 수 있어야 한다.'는 특징에 적합하지 않습니다.

5 「사냥꾼과 어부」에서 사냥꾼과 어부는 서로 잡은 산짐승과 물고기를 물물 교환하고 있습니다. 물물 교환의 의미와 물물 교환이 생긴 까닭에 대한 내용은 ㉯에 나타나 있습니다.

69쪽	
1 공감	2 헌신
3 주관	

70~72쪽		
1 ③	2 ②, ③	3 (1) ㄱ, ㄷ (2) ㄴ, ㄹ
4 ②	5 ④	6 해설 참조

주제

감각이 만족하거나 선하고 도덕적인 행동에서 느끼는 아름다움은 사람마다 다를 수 있는 주관적인 표현이다.

'아름다움'이란 무엇일까요? 우리는 멋진 자연 경관이나 반짝이는 보석을 보고 아름답다고 합니다. 때로는 누군가의 착한 행동을 보고 마음씨가 아름답다고 할 때도 있습니다. 그렇다면 아름다움은 모든 사람이 똑같이 느끼는 것일까요?
중심 낱말
→ 아름다움에 대한 여러 가지 견해

먼저 눈으로 보거나 귀로 듣고 즐거움을 느낄 때 아름답다고 표현할 때가 있습니다. 예를 들어 들판에 핀 꽃을 보고 '꽃이 아름답다.'고 하고, 모차르트 음악을 듣고서도 '곡이 아름답다.'고 합니다. 이런 아름다움은 우리가 느끼는 감각에 만족을 주는 순간입니다.
문단의 중심 문장
→ 아름다움의 의미 ① 감각으로 느낌.

그러나 이와는 다르게 느껴지는 아름다움이 있습니다. 고대 그리스의 학자 아리스토텔레스는 아름다움이란 '선한 것'이라고 하였고, 플라톤은 '도덕적인 것'을 포함한다고 했습니다. 이때의 아름다움이란 감각으로 느끼는 것이 아닌, 행동이나 마음씨가 훌륭할 때를 이르는 것입니다. 예를 들어 가난한 자를 위해 평생을 헌신한 마더 테레사의 삶이나 뜨거운 불과 맞서 싸우는 소방관의 땀방울에서 우리는 아름다움을 느낍니다.
문단의 중심 문장
→ 아름다움의 의미 ② 사람의 행동이나 마음씨에서 느낌.

아름다움을 느끼는 때는 사람마다 다를 수 있습니다. 다른 사람들의 행동이나 마음씨를 보고 훌륭하다고 생각하는 것은 각자 자신의 기준에 따라 다르기 때문입니다. 그러므로 '아름다움에 대한 생각은 주관적이다.'라고 할 수 있습니다.
원인과 결과를 이어 주는 연결어
문단의 중심 문장
→ 아름다움은 사람마다 다를 수 있음.

1 이 글은 감각이 만족하는 것에서 느끼는 아름다움과 선하고 도덕적인 행동이나 마음씨에서 느끼는 아름다움이라는 두 가지 경우를 들어 아름다움에 대한 다양한 생각을 설명하고 있습니다.

2 ② 이 글에 나타나 있지 않습니다. ③ 아리스토텔레스는 아름다움이란 '선한 것'이라고 하였습니다. '도덕적인 것'을 포함한다고 말한 사람은 플라톤입니다.

3 ㄱ과 ㄷ은 시각적인 감각으로부터 느끼는 아름다움입니다. ㄴ과 ㄹ은 선하고 도덕적인 상황에서 느끼는 아름다움입니다.

4 지문의 초록색 부분에서 확인할 수 있습니다. 두 번째 문단에서 사람들은 모차르트 음악을 듣고 '곡이 아름답다'고 느낀다고 하였지만 모차르트의 어떤 음악 작품이 아름다운지는 이 글에 나타나 있지 않습니다.
오답풀이 ① 아름다움은 사람마다 다를 수 있기 때문에 아름다움에 대한 생각은 주관적 표현이라고 하였습니다.
③ 사람들은 감각에 만족을 느끼거나 선하거나 도덕적인 행동에서 아름다움을 느낍니다.
④ 고대 그리스의 학자 아리스토텔레스는 아름다움이란 '선한 것'이라고 하였습니다.

5 소방관에게서 느껴지는 아름다움은 오감이 아닌 '도덕적인 것'에서 오는 아름다움이므로 '유정'이의 반응은 적절하지 않습니다.
오답풀이 ① 모차르트의 음악을 듣고 느낀 아름다움에 대해 더 알아보는 내용입니다.
② 도덕적인 것을 아름답다고 생각한 것과 관련하여 더 알아보는 내용입니다.
③ 아름다움을 느끼는 두 가지 경우에 대해 더 알아보는 내용입니다.

6 정답 아름다움은 사람마다 다를 수 있는 주관적인 표현입니다

독해 적용 11회 주민등록번호의 의미

주제 주민등록번호는 본인 확인을 할 때 이용하는 총 13자리의 고유 식별 정보이다.

[질문] 주민등록번호란 무엇인가요?
[답변] ① 중심 낱말 / 주민등록번호는 대한민국 국민에게 부여된 고유한 등록 번호로 공공 및 ◆민
㉮ 문단의 중심 문장
간에서 개인을 증명하는 고유 식별 정보입니다. → 주민등록번호의 의미

[질문] 주민등록번호는 언제부터 사용되었나요?
[답변] 1968년에 ④ 간첩을 색출하는 방법으로 전 국민에게 주민등록번호가 부여되면
㉯ 문단의 중심 문장
서 사용되기 시작하였습니다. → 주민등록번호를 사용하게 된 까닭

[질문] 주민등록번호 각 자리의 의미는 무엇인가요?
[답변] ② 주민등록번호는 총 13자리의 숫자로, 다음과 같은 의미가 있습니다.
문단의 중심 문장

ㄱㄴㄷㄹㅁㅂ - ㅅㅇㅈㅊㅋㅌㅍ

③ ㄱㄴㄷㄹㅁㅂ은 개인의 생년월일을 나타낸 것으로, 2000년 1월 1일 날 태어난 사
㉰ 람에게는 000101의 번호가 부여됩니다. ㅅ은 사람의 성별을 나타낸 것으로 1900년
~1999년에 태어난 남성은 1, 여성은 2로 표기하고 2000년~2099년에 태어난 남성
은 3, 여성은 4로 표기합니다. ㅇㅈㅊㅋ은 지역 코드로, 이것은 출생 신고를 처음
한 지역을 의미합니다. ㅌ은 출생 신고를 한 곳에서 출생 신고를 한 순서이며, ㅍ은
주민등록번호에 오류가 없는지 확인하는 검증 번호입니다. → 주민등록번호 각 자리의 의미

[질문] 주민등록번호는 어디에 이용되나요?
[답변] 일반적으로는 본인 확인을 할 때 주로 사용됩니다. ㉠ 동사무소를 방
㉱ 문단의 중심 문장
문하거나 휴대 전화 가입 등 본인 확인의 절차가 필요할 경우 많이 이용됩니다. → 주민등록번호가 이용되는 경우

1 이 글은 주민등록번호의 의미와 유래, 총 13자리의 숫자에 담긴 의미, 주민등록번호를 이용하는 경우에 대해 설명하고 있습니다.

2 주민등록번호는 총 13자리의 숫자로 이루어져 있습니다.
오답풀이 ①, ③, ④는 지문의 초록색 부분에서 확인할 수 있습니다.

3 주민등록번호 총 13자리 중 앞 6자리는 생년월일을 나타내며 뒤 첫 숫자는 성별을 나타냅니다. 이 사람은 1996년 5월 25일에 태어났으므로 주민등록번호 앞 6자리의 숫자는 960525입니다. 또한, 1900~1999년 사이에 태어난 여자이기 때문에 성별을 나타내는 주민등록번호 뒤 첫 숫자는 2입니다.

4 주민등록번호가 본인 확인을 할 때 주로 사용된다는 ㉠ 앞 문장의 내용과 본인 확인이 필요한 경우를 자세히 설명한 뒤 문장의 내용을 확인해 볼 때, 두 문장을 이어 주는 말로 적절한 연결어는 '예를 들어' 입니다.
오답풀이 ① 그래서: 원인과 결과를 이어 주는 연결어입니다.
② 그러나: 반대되는 내용의 두 문장을 이어 줄 때 사용합니다.
③ 왜냐하면: 결과가 되는 앞 문장과 원인이 되는 뒷 문장을 이어 줄 때 사용합니다.

5 기사 내용은 1968년 청와대가 북한 특수 요원에게 습격당한 사건입니다. ㉯에서는 주민등록번호를 사용하기 시작하게 된 이유에 대해 설명하고 있습니다. 따라서 기사 내용은 ㉯와 관련이 있습니다.

우리가 사용하는 일회용품

주제

일회용품 사용을 줄여 사람과 동물 모두가 살아가는 환경을 지켜나가자.

우리는 생활 속에서 얼마나 많은 일회용품을 쓸까요? 가족들과 함께 공원에 소풍 갔을 때를 생각해 보세요. 보통 김밥이나 도시락을 먹으며 일회용 나무젓가락을 사용합니다. 또 음료수를 마실 때 플라스틱 컵과 빨대를 자주 사용합니다. (이렇게 한 번 쓰고 버려지는 일회용품들이 엄청난 환경 문제를 일으키고 있습니다.)
중심 낱말
➡ 일회용품 사용으로 인한 문제 상황 제시

먼저 일회용품은 해양 생태계를 파괴합니다. 일회용품 대부분은 재활용되지 않은 채 태워지거나 땅속에 묻힙니다. 그중 일부는 바다로 그대로 흘러들어 갑니다. 그러면 새나 펭귄, 물개 등이 이것을 먹이로 착각하고 삼킵니다. 지난 2015년에는 콧구멍에 플라스틱 빨대가 낀 바다거북이가 발견된 일도 있었습니다. 이렇게 죽어가고 있는 해양 생물들이 점점 늘고 있습니다.
근거 ①
➡ 문제 ① 해양 생태계 파괴

더 심각한 문제는 버려진 일회용품들이 다시 우리 먹거리로 되돌아온다는 것입니다. 플라스틱이나 스티로폼은 잘 썩지 않고, 모래알처럼 잘게 부서집니다. 이러한 미세 플라스틱은 생선의 몸에 쌓이고, 그 생선이 다시 우리 밥상으로 올라와 우리의 건강을 해칩니다.
근거 ②
➡ 문제 ② 우리 먹거리 안에 포함되어 돌아오는 일회용품

지금 전 세계에서 일회용품 사용을 줄이자는 ㉠움직임이 일고 있습니다. 일회용품이 환경과 동물, 그리고 사람의 생명까지 위협하고 있기 때문입니다. 우리도 생활 속에서 일회용품 사용을 줄여 사람과 동물 모두가 살아가는 환경을 지켜나갑시다.
글 전체의 중심 문장
➡ 일회용품 사용을 줄이자는 주장 제시

---

1 이 글은 일회용품 사용을 줄여 사람과 동물 모두가 함께 살아가는 환경을 지켜나가자는 주장을 전달하는 글입니다.

2 '일회용품의 사용을 줄이자.'는 글쓴이의 주장과 어울리는 말을 한 친구는 '서연'입니다.

오답풀이 ① 생선의 몸에 쌓이지 않도록 일회용품을 줄이자는 내용이므로, 생선 반찬을 먹지 않겠다는 말은 어울리지 않습니다.
② 가족들과 함께 공원에 소풍을 갈 때 한 번 쓰고 버려지는 일회용품 때문에 환경 문제가 일어난다고 하였으므로 가족들과 함께 공원으로 소풍을 가지 않겠다는 말은 어울리지 않습니다.
③ 해양 동물을 사랑하지 않는 문제 상황이나 해양 동물을 사랑하는 마음을 가지자는 주장을 하는 글일 경우 어울리는 말입니다.

3 마지막 문단에서 일회용품이 환경과 동물, 그리고 사람의 생명까지 위협하고 있기 때문에 일회용품 사용을 줄이자고 했으므로 ②의 질문에 답할 수 있습니다.

오답풀이 ①, ③, ④는 이 글에서 언급되지 않습니다.

4 ㉠은 '가지고 있던 생각이 바뀜. 또는 그런 생각을 함.'의 뜻으로 ③의 '움직임'과 같은 의미로 사용되고 있습니다.

오답풀이 ① '기계나 공장이 가동되거나 운영됨'의 의미입니다.
②, ④ '멈추어 있던 신체의 자세나 자리를 바꿈.'의 의미입니다.

5 이 글의 주장은 '일회용품 사용을 줄이자.'이므로 '분리수거'를 한다는 생각은 적절하지 않습니다.

윈도 브러시 _ 조두현

- **구성**: 2연 14행
- **제재**: 자동차의 윈도 브러시
- **주제**: 내 마음의 얼룩진 생각을 말끔하게 지우고 싶다.
- **특징**: 감각적 표현을 사용하며 자동차의 유리창과 내 마음을 비유함.

빨리빨리 달릴수록

빗줄기가 굵을수록

㉠더욱더 신이 나서

세수하는 자동차 손
　　　윈도 브러시

내 마음

작은 창에도

㉡◆브러시를 달았으면!
　빗줄기를 닦는 자동차의 브러시처럼 내
　마음에도 브러시를 달았으면 하는 마음

빗방울이 ㉢토닥토닥
　　　빗방울이 가볍게 두들기는 소리

유리창을 두드릴 때

쓱싹쓱싹 지우면
비비거나 문지를 때 나는 소리
밝아지는 마음의 창

얼룩진

온갖 생각이 ┐　내 마음의 브러시로 얼룩진 온갖

말끔하게 닦이게 ┘　생각을 말끔하게 닦고 싶은 마음

81쪽

1 온갖　　2 얼룩
3 말끔

82~84쪽

1 ④　　2 ④　　3 ②　　4 ②
5 ②　　6 ③

1 이 시의 중심 글감은 자동차의 윈도 브러시입니다.

2 ㉠은 빗줄기가 굵어질수록 윈도 브러시(자동차 손)가 더 빠르게 움직인다는 의미입니다.

3 2연을 살펴보면, 내 마음의 창에 브러시를 달고 싶은 까닭으로 '얼룩진 온갖 생각을 말끔하게 닦고 싶은 마음'이 나타나 있습니다.

4 ㉢은 빗방울이 가볍게 두들기는 소리를 나타내는 것으로 '청각적' 표현입니다.

5 시의 전체 내용을 요약한 표입니다. 이 시에서는 '자동차 유리창에 떨어진 빗방울을 윈도 브러시로 닦는 것'을 '내 마음의 창에 얼룩진 온갖 생각을 브러시로 닦는 것'에 비유하였습니다. 따라서 (가)는 '유리창', (나)는 '얼룩진 온갖 생각'이 알맞습니다.

6 이 시에는 마음속에 얼룩진 온갖 생각을 말끔하게 닦고 싶어 하는 마음이 나타나 있습니다. 친구와 싸워서 언짢은 마음, 어릴 적 크게 다친 기억, 놀이공원에서 부모님을 잃어버린 기억은 모두 마음속에 얼룩진 생각들입니다. 그러나 과거 자신의 잘못으로 아직도 부모님을 미워하는 '연지'는 얼룩진 마음을 말끔하게 닦고 싶어 하지 않기 때문에 친구들과는 다른 생각을 가지고 있습니다.

암호의 기원

85쪽
1 비밀 2 아군
3 누설

86~88쪽
1 ④   2 ④   3 친구와 사이좋게 지내자
4 ③   5 해설 참조   6 해설 참조

주제 암호는 전쟁에서 아군의 정보를 안전하게 전달하기 위해서 생겨난 것으로 오늘날 다양하게 활용되고 있다.

이 문장의 뜻을 아시겠습니까? 이 문장은 'How are you?(잘 지냈니?)'라는 뜻으로, 원래의 알파벳을 그대로 쓰지 않고, 한 자리 뒤의 알파벳을 이용하여 비밀스럽게 만든 것입니다. 이렇게 비밀스럽게 만든 문장을 '암호'라고 합니다. 정확하게 말하면, 암호란 비밀 유지를 위하여 당사자끼리만 알 수 있도록 꾸민 부호나 신호를 말합니다. 그렇다면 왜 암호를 만들기 시작했을까요? **중심 낱말 / 문단의 중심 문장 → 암호의 의미**

오랜 역사 속에서 인류는 수많은 전쟁을 벌여왔습니다. 식량과 ˙자원이 부족하던 시대에 전쟁은 인류가 살아남기 위해 반드시 필요한 과정이었으며, 시대가 변함에 따라 종교 ˙갈등 등의 다양한 까닭으로 전쟁이 일어났습니다. 전쟁에서 이기기 위하여 아군의 중요한 정보가 적에게 누설되지 않도록 지키는 것은 아주 중요한 일이었습니다. 이러한 상황에서 아군의 정보를 안전하게 전달하기 위한 방법으로 암호가 생겨나게 된 것입니다. **원인 / 글 전체의 중심 문장 / 결과 → 암호의 기원**

최초의 암호는 스파르타 시대의 ㉠스키테일 암호입니다. 스키테일 암호는 종이나 얇은 천을 길게 잘라서 나무막대에 ˙사선으로 감은 뒤 그 위에 세로로 쓰여 있는 글자를 해석하는 방식입니다. 전쟁이 ˙빈번하게 일어났던 스파르타 시대에는 왕이 전쟁에 나가는 장군에게 일정한 크기의 막대를 주고, 명령을 내릴 때마다 스키테일을 이용한 암호문을 보냈다고 합니다. **문단의 중심 문장 → 최초의 암호**

이렇듯 암호는 오랜 전쟁의 역사 속에서 생겨난 것입니다. 이후 가능한 한 가장 안전한 암호를 만들어 내기 위하여 다양한 기법의 암호를 만들기 시작하였습니다. 요즘은 컴퓨터 사용이 활발해지면서 바코드, 이메일 등 컴퓨터를 이용한 암호 기술이 우리 생활 곳곳에서 다양하게 활용되고 있습니다. **원인 / 결과 → 암호의 발달**

1 이 글에서는 암호의 의미와 암호의 기원, 최초의 암호와 암호의 발달에 대해 다루고 있습니다. 암호의 단점에 대해서는 다루고 있지 않습니다.

2 첫 번째 문단에서 암호는 비밀 유지를 위하여 당사자끼리만 알 수 있도록 꾸민 부호나 신호를 말한다고 하였습니다. 따라서 '여러 사람이 알 수 있도록 만들었다'는 내용은 맞지 않습니다.

3 

스키테일 암호는 종이나 얇은 천을 길게 잘라서 나무막대에 사선으로 감은 뒤, 그 위에 세로로 써 있는 글자를 해석하는 방식으로 암호를 알아냅니다. 암호문에 세로로 써 있는 글자는 '친구와 사이좋게 지내자.'입니다.

4 이 글에는 전쟁의 승리를 위하여 사용된 무기에 대한 내용은 드러나 있지 않으므로, '민지'의 반응은 적절하지 않습니다.
오답풀이 ①, ②, ④는 모두 마지막 문단에 나오는 내용과 관련하여 더 알아볼 내용입니다.

5 지문에 표시된 첨삭 부분에서 확인할 수 있습니다.
정답 (1) 전쟁 (2) 정보 (3) 암호 (4) 안전 (5) 컴퓨터

6 **정답** 아군의 정보를 안전하게 전달하기

그랑드 자트 섬의 일요일 오후

89쪽		90~92쪽		
1 기법　　2 평범		1 ③	2 ④	3 (1) ⓛ, ⓒ, ⓜ (2) ⓐ, ⓔ, ⓑ
3 혼합		4 ④	5 ②	6 (1) 쇠라 (2) 점묘법 (3) 빛 (4) 밝은

쇠라의 「그랑드 자트 섬의 일요일 오후」는 점묘법을 활용하여 그린 그림으로 빛이 주는 밝은 느낌을 효과적으로 표현하였다.

오늘 미술 시간에 선생님께서 ③쇠라의 「그랑드 자트 섬의 일요일 오후」라는 그림을 보여 주셨다. ㉠그림을 멀리서 보았을 때, 그저 평범한 한 편의 풍경화라고 생각했다. [의견] 그러나 선생님께서는 그림에 엄청난 비밀이 숨겨져 있다고 말씀하셨다.
➡ 미술 시간에 보게 된 「그랑드 자트 섬의 일요일 오후」

쇠라는 ㉡무려 2년이 넘는 긴 시간에 걸쳐 이 그림을 완성했다. [사실] 그림을 그리는 데 오랜 시간이 걸린 까닭은 바로 '점묘법'으로 그림을 그렸기 때문이다. 점묘법이란, 붓이나 펜으로 점을 찍어 그림을 그리는 기법이다. ㉢다양한 색의 작은 점을 찍은 그림을 멀리서 보면, 눈이 색을 혼합하여 하나의 색으로 보게 된다. [사실] 예를 들어, ①수많은 빨간색 점과 파란색 점을 찍고 멀리서 보면 보라색으로 보이게 되는 것이다.
➡ 「그랑드 자트 섬의 일요일」에 사용된 점묘법

㉣이 그림은 색이 아주 밝고 화사하게 느껴진다. 특히 빛이 주는 느낌을 잘 표현했다는 생각이 들었다. [의견] ②쇠라는 바로 이런 효과를 얻기 위해 점묘법으로 그림을 그렸다고 한다. ㉤물감은 섞을수록 색이 ◆탁해져 빛이 주는 밝은 느낌을 효과적으로 나타내기 어렵기 때문에 쇠라는 빛을 효과적으로 표현하기 위해 물감을 섞기보다는 점을 찍어 색을 혼합하는 방법을 택한 것이다. [사실]
➡ 빛을 효과적으로 표현하는 점묘법

나도 점묘법을 활용하여 그림을 그려보았는데, 작은 스케치북에 그림을 완성하는 것도 무척이나 힘들었다. [의견] 그런데 쇠라는 2년이 넘는 시간 동안 세로 2미터, 가로 3미터나 되는 큰 캔버스에 점묘법으로 그림을 그렸다니 ㉥새삼 그의 ◆끈기와 ◆집중력이 대단하다고 생각했다. [의견] 나도 쇠라처럼 모든 일에 끈기와 집중력을 가지고, 목표한 것을 멋지게 이루어내는 사람이 되고 싶다.
➡ 그림을 완성하기 위한 쇠라의 끈기와 집중력

1 이 글은 미술 시간에 선생님께서 보여 주신 그림을 보고 쓴 감상문으로, 점묘법을 활용해 그린 「그랑드 자트 섬의 일요일 오후」에 대해 다루고 있습니다.

2 「그랑드 자트 섬의 일요일 오후」 그림의 배경이 된 시기는 이 글에 드러나 있지 않습니다.
오답풀이 ①, ②, ③은 지문의 초록색 부분에서 확인할 수 있습니다.

3 실제로 있었던 일이나 현재 일어나는 일을 '사실'이라고 하고, 그 일에 대한 생각이나 느낌을 '의견'이라고 합니다. 문장에서 '~고 생각했다', '~ 느껴졌다.'라는 표현을 통해 의견임을 파악할 수 있습니다. ㉠, ㉣, ㉥은 글쓴이의 생각이며, ㉡, ㉢, ㉤은 실제로 있거나 과학적 근거로 나타나는 사실입니다.

4 「그랑드 자트 섬의 일요일 오후」의 그림에 사용된 기법은 점묘법입니다. 점묘법은 붓이나 펜으로 점을 찍어 그림을 그리는 기법으로, 물감을 섞기보다는 점을 찍어 색을 혼합합니다. 따라서 물감을 섞을수록 색이 탁해짐을 이용하여 그린 그림은 점묘법에 대한 설명으로 적절하지 않습니다.

5 세 번째 문단을 살펴보면, 쇠라는 빛을 효과적으로 표현하기 위해 점묘법을 이용하였습니다. 따라서 햇볕이 내리쬐는 풍경을 밝은색으로 표현하고자 하는 시우에게는 점묘법의 기법을 참고하여 다양한 색의 작은 점을 찍어 보라고 조언하는 것이 알맞습니다.

살아있는 화석

주제

살아있는 화석이란 화석으로 발견된 생물이 현재에도 같은 모습으로 존재하는 것을 말하며, 은행나무와 파리가 대표적인 예이다.

가 아주 오래전 지구에서 살았던 동물이나 식물이 땅속에 묻혀 화석으로 발견되는 경우가 있습니다. 수억, 수천만 년 전에 살았던 생물들은 대부분 그 모습이 바뀌었거나 *멸종되었습니다. 그런데 현재 살아있는 모습이 화석과 똑같은 생물도 있습니다. 이러한 생물들을 '살아있는 화석'이라고 합니다.
문단의 중심 문장 / 중심 낱말 ➡ 살아있는 화석의 의미

나 살아있는 화석의 대표적인 식물은 바로 은행나무입니다. 은행나무는 약 2억 7천 년 전의 화석과 지금의 모습이 똑같습니다. 이는 은행나무가 수억 년 동안 지구의 *지각 변동과 기후 변화를 견딜 정도로 ① 강한 생명력을 가졌다는 증거입니다.
문단의 중심 문장 / 결과 / 원인 ➡ 살아있는 화석의 예 ① 은행나무

다 파리 또한 살아있는 화석의 대표적인 곤충입니다. ③ 파리는 약 2억 3천 년 전의 *호박 화석에서 발견되었습니다. 호박 화석에서 발견된 파리의 모습은 지금과 ㉠비슷합니다. ④ 특히 둘 다 한 쌍의 날개가 있으며, 비행할 수 있는 구조를 갖추고 있습니다. 지금의 파리처럼 당시의 파리도 날 수 있었다는 것을 알 수 있습니다.
문단의 중심 문장 / 현재의 모습과 화석의 공통점 ➡ 살아있는 화석의 예 ② 파리

라 이렇듯 살아있는 화석은 수십억 년 전 지구의 환경을 연구하거나 생물의 진화 과정을 밝히는 데에 중요한 역할을 합니다.
문단의 중심 문장 ➡ 살아있는 화석의 역할(가치)

1 이 글에서는 살아있는 화석의 의미와 그 예를 다루고 있습니다. 그러므로 중심이 되는 낱말은 '살아있는 화석'입니다.

2 **나** 문단에서는 살아있는 화석의 대표적인 예로 '은행나무'에 대해 설명하고 있습니다.

3 **가** 문단에서 화석과 현재 살아있는 모습이 똑같은 생물이 존재하며 이를 '살아있는 화석'이라고 부른다고 설명하고 있습니다. 따라서 '현재 살아있는 모습이 화석과 똑같은 생물은 없다.'는 **가** 문단의 내용과 다릅니다.

오답풀이 ①, ③, ④는 지문의 초록색 부분에서 확인할 수 있습니다.

4 ㉠ '비슷합니다'는 '두 개의 대상이 전체적, 또는 부분적으로 일치하다.'라는 뜻으로, '유사합니다'와 같은 뜻으로 사용할 수 있습니다.

오답풀이 ② 똑같습니다: 모양, 성질 등이 조금도 다른 데가 없다.
③ 반대됩니다: 두 사물이 모양, 위치 등에서 등지거나 맞서게 된다.
④ 조화됩니다: 서로 잘 어울린다.

5 은행나무는 수억 년동안 잦은 지각 변동과 기후 변화를 견딜 정도로 강한 생명력을 가졌기 때문에(원인), 약 2억 7천 년 전의 화석과 지금의 모습이 똑같습니다(결과).

6 정답 (1) 현재에도 (2) 존재하는 생물 (3) 은행나무와 파리

오수의 개 _ 정하섭

97쪽

1 술주정뱅이
2 지팡이　　3 넋

98~100쪽

1 ③　　2 ④　　3 (1) ○ (2) ○ (3) × (4) ×
4 ①　　5 ②　　6 ㄹ→ㅁ→ㄷ→ㄴ

줄거리

주인 없이 떠돌던 개가 술주정뱅이 홀아비를 만나 위기에 처한 홀아비의 목숨을 구하고 의롭게 죽었다.

옛날 어느 마을에 술주정뱅이 ◆홀아비가 살았어.[(3)] 부인도, 자식도 없이 혼자서 살았지. 홀아비는 일도 하는 둥 마는 둥, 밥도 먹는 둥 마는 둥 했어. 오로지 술병만 끼고 살았지. 홀아비는 장날이면 어김없이 장에 갔어. 장터에서 친구들과 어울리는 게 유일한 즐거움이었거든. 그날도 홀아비는 친구들과 어울려 술을 마셨지. 그런데 ㉠웬 개가 다가와 홀아비를 빤히 보는 게 아니겠니? 개는 비쩍 마른 데다가 몹시 배고파 보였어.

술주정뱅이라고 부른 까닭

➡ 술주정뱅이 홀아비와 떠돌이 개의 만남

중간 줄거리 [(2)] 홀아비가 개에게 먹을 것을 주자. 떠돌이 개가 홀아비를 따라와 홀아비 집에서 살게 되었다.[(1)] 홀아비는 개에게 '헐떡이'라는 이름을 붙여주었다. 어느 날, 술에 취한 홀아비가 풀밭에서 잠깐 쉬다 잠이 들었다. 야산에서 난 불이 풀밭 쪽으로 번져 오는 것을 본 헐떡이는 잠든 홀아비를 구하려 애쓰지만, 홀아비는 꿈쩍도 하지 않았다.

㉡헐떡이는 냇가로 달려갔어. 입에 물을 한껏 머금고 와서는 홀아비 둘레에 뿌렸어. 그 다음에는 아예 냇물에 들어가 몸을 흠뻑 적셨어. 그리고 홀아비 둘레를 뒹굴었어. 헐떡이는 잠시도 쉬지 않고 그러기를 되풀이했지. 시간이 갈수록 점점 더 숨을 헐떡거렸지만 헐떡이는 멈추지 않았어. 헐떡이가 풀밭에 물을 뿌린 덕에 불길은 가까스로 홀아비를 비껴갔어. 헐떡이는 숨을 크게 한 번 몰아쉬더니, 정신을 잃고 홀아비 옆에 쓰러졌어.

홀아비를 살려내기 위한 헐떡이의 노력

➡ 헐떡이가 홀아비를 구하고 쓰러짐.

얼마쯤 지나 잠에서 깬 홀아비는 깜짝 놀랐어. 풀밭이 온통 시커멓게 불탔는데 자기 주위만 풀이 멀쩡한 거야. 홀아비는 곁에 쓰러져 있는 헐떡이를 흔들어 깨웠지. 하지만 헐떡이는 영영 깨어나지 않았어.

이유: 헐떡이가 풀밭에 물을 뿌려 주어서

➡ 홀아비가 깨어나서 죽은 헐떡이를 발견함.

ⓐ"아이고, 네가 나를 살리고 죽었구나!"

홀아비는 헐떡이를 안고 목 놓아 울었어. 홀아비는 헐떡이를 양지바른 곳에 묻어 주었어.

홀아비의 마음: 미안함, 죄책감, 안타까움

[(4)] 헐떡이가 묻힌 곳을 잊지 않으려고 그곳에 지팡이를 꽂아 두었지. 그런데 얼마쯤 지나자, 지팡이에서 싹이 나는 게 아니겠니? 그 지팡이는 커다란 느티나무가 되었어. 사람들은 주인의 목숨을 구하고 죽은 ㉢의로운 개, 헐떡이가 느티나무가 되었다고 믿었어. 그래서 그 느티나무를 오수, 곧 ㉣'개의 나무'라고 부르며 헐떡이의 넋을 기렸어. 한편, 그 뒤로 홀아비는 아주 착실하게 살았단다. 헐떡이가 준 두 번째 삶을 ◆헛되이 보내고 싶지 않았거든.

까닭: 헐떡이의 죽음을 헛되이 하지 위해서

➡ 홀아비가 헐떡이를 묻어준 곳에 꽂은 지팡이가 느티나무가 되었고, '오수'라고 부르게 됨.

---

1 이 이야기는 떠돌이 개로 살아가다가 술주정뱅이 홀아비를 만나 '헐떡이'라는 이름을 얻고 사랑을 받다가, 위험에 빠진 주인의 목숨을 구하고 죽은 의로운 개, '오수의 개'에 대한 이야기입니다.

2 ㉠, ㉡, ㉢은 헐떡이를 말하며, ㉣은 지팡이에서 자라난 커다란 느티나무를 말합니다.

3 지문의 초록색 부분에서 확인할 수 있듯이 술주정뱅이는 부인과 자식 없이 혼자 살았으며, 헐떡이가 죽은 뒤 느티나무가 아닌 '지팡이'를 꽂아 두었습니다.

4 잠에서 깬 홀아비가 깜짝 놀라 죽은 헐떡이를 안고 목 놓아 울었다는 내용으로 보아 홀아비는 자신을 구하기 위해 목숨을 희생한 헐떡이에게 '미안함, 죄책감, 안타까움'을 느꼈을 것입니다.

5 「은혜 갚은 까치」는 자신의 새끼를 구해준 선비에게 은혜 갚은 까치의 이야기입니다. 이 이야기에서 헐떡이도 자신을 돌보아 주었던 홀아비를 구하기 위해 자신을 희생합니다. 이로 미루어 보아 두 이야기는 '동물(까치와 개)이 사람에게 은혜를 갚은 이야기'라는 공통점이 있습니다.

6 지문의 요약 내용과 중간 줄거리를 확인하면 이야기가 일어난 차례는 다음과 같습니다. 장터에서 홀아비가 불쌍한 개에게 먹을 것을 주었다(ㄱ).→개와 홀아비와 같이 살게 되고, 홀아비는 개에게 헐떡이라는 이름을 붙여주었다(ㄹ).→어느 날 잔뜩 취한 홀아비가 쓰러져 잠든 풀밭에 불길이 번져 왔다(ㅁ).→헐떡이는 홀아비를 구하고 죽어버렸다(ㄷ)→깨어난 홀아비는 목놓아 울면서 헐떡이를 양지바른 곳에 묻었다(ㄴ).

쓰레기를 재활용할 때

101쪽

1 공공 예절   2 재활용
3 분리배출

102~104쪽

1 ④   2 ③   3 ③   4 (1) ○ (2) △ (3) △
5 (1) ㄷ (2) ㄱ, ㄴ, ㅁ (3) ㄹ   6 해설 참조

주제

사회 문제로 떠오른 재활용 쓰레기를 헹궈서, 분리해서, 종류별로 나누어 버려서 깨끗한 지구를 만들자.

최근 재활용 쓰레기 처리 문제가 심각한 사회 문제로 떠올랐습니다. 제대로 된 방법으로 분리배출을 하지 않아서 재활용이 불가능한 쓰레기가 쌓여간다는 뉴스 기사를 쉽게 접할 수 있습니다. 저는 재활용 쓰레기를 바르게 버리는 것도 나와 다른 사람들을 위한 공공 예절 중의 하나라고 생각합니다. 그렇다면, 재활용 쓰레기를 바르게 버리려면 어떻게 해야 할까요? ➡ 사회문제에 따른 재활용 쓰레기 처리 문제
중심 낱말

㉠먼저 헹궈서 버려야 합니다. ㉡음료수 용기 안에 *이물질이나 음료가 남은 경우, 그대로 버리게 되면 재활용이 어렵다고 합니다. ㉢뿐만 아니라 대부분의 음료수에는 건강에 좋지 않은 성분들이 들어 있습니다. ㉣따라서 음료를 마시고 나면 물로 깨끗이 헹궈내고 말린 후 배출하는 것이 바람직합니다. ➡ 헹궈서 버리기
문단의 중심 문장

㉮ 다음은 분리해서 버려야 합니다. 예를 들어 유리병의 경우 용기에 붙은 상표 비닐이나 스티커를 ㉤제거해야 하며, 알루미늄 뚜껑같이 다른 재질로 된 뚜껑도 분리해서 버려야 합니다. 택배 상자의 경우에도 택배 스티커나 상자 테이프를 분리해서 버려야 합니다. ➡ 분리해서 버리기
문단의 중심 문장

마지막으로 종류별로 나누어서 버려야 합니다. 재활용 쓰레기를 버리는 데에는 우리가 알고 있는 것보다 더 많은 분류 기준이 있습니다. 예를 들어 일반 종이는 종이로, 우유갑은 종이팩으로 구분하여 버려야 하며, 페트병 용기는 페트, 뚜껑은 플라스틱, 상표 비닐은 비닐로 구분하여 버려야 합니다. 지역마다 분류 기준의 개수 및 종류가 다를 수 있으므로 우리 지역에서는 어떤 기준에 따라 분리배출해야 하는지 알아두는 것이 좋습니다. ➡ 종류별로 나누어서 버리기
문단의 중심 문장

재활용 쓰레기 문제는 '재활용 *대란'이라고 불릴 만큼 심각한 사회 문제로 떠오르고 있습니다. 조금 귀찮더라도 재활용 쓰레기를 헹궈서, 분리해서, 종류별로 나누어서 버린다면 더 아름다운 사회, 더 깨끗한 지구를 만들 수 있습니다. 재활용 쓰레기 바르게 버리기에 우리 모두 *동참합시다. ➡ 재활용 쓰레기 버리기에 동참하기
글 전체의 중심 문장

1 이 글에서는 제대로 된 방법으로 분리배출을 하지 않아 문제가 되는 재활용 쓰레기를 '헹궈서, 분리해서, 종류별로 나누어서 배출하자.'라고 주장하고 있습니다.

2 두 번째 문단은 재활용 쓰레기를 바르게 버리는 방법으로 음료수 용기 안에 이물질을 깨끗이 헹궈서 버려야 한다는 내용입니다. 음료 속에 들어 있는 성분이 건강에 좋지 않다는 ㉢은 재활용 쓰레기를 버리는 방법과 관련이 없습니다.

3 ㉤은 '붙거나 이어져 있는 것을 서로 떨어뜨리다.'라는 뜻입니다. '물로 때나 더러운 것을 깨끗이 닦아 내다.'라는 의미를 지닌 '씻어 내다'로 바꾸어 사용할 수 없습니다.

오답풀이 ① 뜯어내야: 붙어 있는 것을 떼어 냄.
② 떼어 내야: 붙거나 이어져 있는 것을 서로 떨어뜨림.
④ 벗겨 내야: 붙거나 씌운 것을 폐거나 걷어 냄.

4 ㉮는 두 가지 예를 들어 재활용 쓰레기를 분리해서 버려야 함을 설명하고 있습니다. 중심 문장은 첫 문장인 '다음은 분리해서 버려야 합니다.'이며, 나머지 문장들은 중심 문장을 뒷받침해 주는 뒷받침 문장입니다.

5 지문의 초록색 부분에서 확인할 수 있습니다.
(1) 신문지는 일반 종이에 해당하므로 '종이'로 구분하여 버립니다.
(2) 페트병 용기는 '페트', 뚜껑은 '플라스틱', 상표 비닐은 '비닐'로 구분하여 버립니다.
(3) 우유갑은 '종이팩'으로 구분하여 버립니다.

(1)   ㄱ
(2)   ㄴ
(3)   ㄷ
      ㄹ
      ㅁ

6 정답 (1) 헹궈서 (2) 분리해서 (3) 나누어서

모차르트의 일생

105쪽	
1 초청	**2** 평등
3 초월	

106~108쪽			
1 ②	**2** ③	**3** ③	**4** ④
5 ③	**6** ④		

주제

어린 시절부터 음악적 천재성을 보인 모차르트는 연주여행을 다니며 사회 변화를 인식하고, 그의 생각이 담긴 작품을 남겼다.

가 음악의 천재라고 불리는 모차르트(W. A. Mozart)는 1756년 오스트리아 잘츠부르크에서 태어났습니다. 모차르트는 35년의 짧은 삶을 살았지만, 그가 남긴 음악은 오랫동안 많은 사람에게 전해지고 있습니다.] ➜ 모차르트의 소개
중심 낱말

나 궁정 음악가였던 모차르트의 아버지는 어린 아들의 음악적 천재성을 알아보고, 바이올린과 피아노를 가르쳤습니다. 모차르트는 하루종일 피아노를 치면서도 즐거워했고, 다섯 살 때부터는 작곡을 하기 시작했습니다. 그때 「미뉴에트 G장조」, 「알레그로」와 같은 곡이 탄생했습니다.] ➜ 어린 시절의 모차르트
원인 / 결과

다 모차르트는 아버지와 어머니, 누나와 함께 오스트리아, 독일, 프랑스 등 유럽을 다니며 연주를 했습니다. 가는 곳마다 사람들은 어린 모차르트의 연주에 감탄했고, 그런 모차르트는 여러 궁의 초청을 받기도 했습니다.] ➜ 모차르트의 연주여행

라 18세기 당시 자유를 찾으려는 세상의 변화를 느낀 모차르트는 왕족이나 귀족, 시민은 모두 평등한 사람이라고 생각했습니다. 그런데 현실에서는 그렇지 못한 대우를 받는 서민의 힘든 삶을 음악으로 알리고 싶어 했습니다. 결국 ㉠모차르트는 궁정을 나와 자신만의 음악을 하기 시작했습니다.] ➜ 사회의 변화가 모차르트에게 미친 영향
원인 / 결과

마 그때부터 모차르트의 곡에는 귀족에 대한 ˟비판적인 생각이 담겼습니다. 이 시기에 만든 오페라 「피가로의 결혼」, 「돈 조반니」, 「마술피리」에는 그런 의미가 드러나 있습니다.] ➜ 모차르트의 비판적인 생각이 담긴 작품들

바 안타깝게도 모차르트는 35세가 되던 해에 세상을 떠났습니다. 마지막 곡인 「레퀴엠」을 끝내 완성하지 못한 채 말입니다. 죽기 전까지도 작곡을 멈추지 않았던 천재 음악가, 모차르트도 끝내 죽음을 피하지는 못했습니다. 비록 모차르트는 짧은 삶을 살았지만 그가 만들어 낸 아름다운 곡들은 시대를 초월하여 우리에게 기억되고 있습니다.] ➜ 모차르트의 죽음과 영향력

1 이 글은 모차르트의 생애를 소개하고 있습니다. 이와 같이 사실을 바탕으로 인물의 삶을 다룬 글을 전기문이라고 합니다.

오답풀이 ＞ ① 인물의 이야기를 상상하여 꾸며 낸 글에는 대표적으로 이야기(동화)가 있습니다.
③ 여행하면서 보고, 듣고, 느낀 것을 표현한 글은 기행문입니다.
④ 어떤 주제에 관하여 자기의 주장을 표현한 글에는 대표적으로 논설문이 있습니다.

2 **바** 문단을 살펴보면, 모차르트가 끝내 완성하지 못한 작품은 「레퀴엠」입니다. 「돈 조반니」는 귀족에 대한 비판적인 생각이 담긴 작품으로 모차르트가 죽기 전에 완성하였습니다.

3 모차르트는 모든 사람은 평등하다고 생각하여 서민의 힘든 삶을 음악으로 알리고 싶었으나 궁정에서는 그의 생각대로 음악을 할 수 없어서 자신만의 음악을 하기 위해 궁정을 나왔습니다.

4 **라** 문단을 살펴보면, 모차르트는 평등한 대우를 받지 못하는 서민의 힘든 삶을 알리기 위해 궁정을 나와 자신만의 음악을 하기 시작했습니다.

5 **다** 문단을 살펴보면, 모차르트는 가족들과 함께 여러 곳의 유럽을 다니며 연주를 했지만 힘들거나 가족의 사랑으로 어려움을 극복했다는 내용은 제시되지 않았습니다. 따라서 느낀 점으로 적절하지 않습니다.

6 모차르트는 유럽을 다니며 연주를 하다가 힘든 평민들의 삶을 보고 느낀 바가 있었습니다. 그리하여 귀족에 대한 비판적인 생각을 담은 음악 작품을 만들었습니다. ④에서 김대현 씨도 아프리카 어린이들이 처한 부정적인 면을 보고 느낀 점을 책으로 남겼다는 점에서 모차르트와 같은 태도를 보이고 있다고 추론할 수 있습니다.

독해 적용 20회

기후에 따른 집의 모양

109쪽

1 기후　2 모양　3 지방

110~112쪽

1 ①　2 (1) ㄴ－c (2) ㄱ－a (3) ㄷ－b　3 ③
4 대청　5 (1) 작다 (2) 좁다 (3) 크다 (4) 넓다　6 해설 참조

주제 지역에 따라 기후가 달라서 집의 모양을 서로 다른 구조로 지었으며, 창문의 개수와 마루의 넓이도 다르게 했다.

기후(중심 낱말 ①)는 사람들의 생활에 큰 영향을 미칩니다. 기후에 따라 사람들이 입는 옷이나 먹을거리, 집의 모양(중심 낱말 ②)들이 달라지는데요, 여기에는 사람들이 기후에 잘 적응하며 살아가기 위한 지혜가 담겨 있습니다. 우리나라도 지역에 따라 기후가 달라서 전통적인 집의 모양도 다르게 나타납니다.(글 전체의 중심 문장 ①) 따라서 집의 모양을 보면 그 지역의 기후를 알 수 있습니다. → 기후가 생활에 미치는 영향

우리나라의 북부 지방은 겨울에 몹시 추운 지역입니다.(원인) ㉠ 북부 지방의 집은 차갑고 매서운 바람을 피하기 위해 마루가 없거나 좁으며 방들이 서로 붙어 있습니다.(결과) 바람을 최대한 막기 위하여 창문의 수도 적고 크기도 작으며, ㅁ자 모양의 *폐쇄적인 구조로 지어져 있습니다. → 북부 지방의 기후와 집의 모양

이와 반대로 남부 지방은 여름철에 무척 덥고 습기도 많습니다.(원인) ㉠ 바람이 잘 통하도록 집을 지었습니다.(결과) 방과 방 사이에는 넓은 마루인 대청이 있으며, 방문과 창문의 개수가 많고 크기도 큽니다. 방과 마루, 부엌이 나란히 이어 지는 ㅡ자 모양의 *개방적인 *구조로 지어져 있습니다. → 남부 지방의 기후와 집의 모양

중부 지방의 경우 북부 지방보다는 따뜻하고, 남부 지방보다는 시원한 중간 지역입니다.(원인) 따라서 북부 지방과 남부 지방의 좋은 점을 알맞게 합쳐서 집을 지었습니다. 보통 ㄱ자 모양, 또는 ㄷ자 모양의 구조(결과)로, 방과 방 사이에 마루가 있고 안방 옆에 부엌이 붙어 있습니다. 남부 지방의 집에 비해 마루가 좁고 창문이 적은 편입니다. → 중부 지방의 기후와 집의 모양

이처럼 지역에 따라 기후가 달라서 집의 모양을 다르게 짓고 창문과 마루의 넓이도 달리했습니다.(글 전체의 중심 문장 ②) 이와 같은 지역별 집의 모양을 보면 기후에 잘 적응하기 위해 노력한 우리 조상들의 지혜를 엿볼 수 있습니다. → 기후에 따라 달라지는 집의 모양

1 이 글에서는 북부 지방, 남부 지방, 중부 지방의 기후에 따라 마루의 넓이나 창문의 개수가 달라지는 등 집의 모양이 달라지는 것을 설명하고 있습니다.

2 (1)－ㄴ, (2)－ㄱ, (3)－ㄷ / ㄱ－a, ㄴ－c, ㄷ－b

지문의 초록색 부분에서 확인할 수 있습니다.
(1) 북부 지방은 겨울에 매우 춥고 매서운 바람이 불며, 집의 모양이 ㅁ자입니다.
(2) 중부 지방은 다른 두 지방에 비해 너무 춥지도 덥지도 않으며, 집의 모양이 ㄱ자 또는 ㄷ자입니다.
(3) 남부 지방은 여름에 매우 덥고 습기가 많으며, 집의 모양이 ㅡ자입니다.

3 ㉠의 앞 문장은 지방에 따른 기후에 대한 내용이고, 뒤 문장은 그에 따른 집 모양에 대한 내용입니다. 그러므로 두 문장 사이에는 원인과 결과를 연결해 주는 '그래서' 또는 '따라서'가 적절합니다.

오답풀이 ① '그리고'는 앞뒤 문장 사이에 뜻이 연결되도록 도와주는 연결어입니다.
②, ④ '그러나'와 '그렇지만'은 앞의 문장과 반대되거나 다른 내용을 이어 주는 연결어입니다.

4 다 문단의 '방과 방 사이에는 넓은 마루인 대청이 있으며'라는 설명으로 보아 문제로 제시된 낱말이 '대청'이라는 것을 알 수 있습니다.

5 지도에서 빨간 부분은 '북부 지방', 초록 부분은 '중부 지방', 파랑 부분은 '남부 지방'을 나타냅니다. 나 문단에 나타난 북부 지방 집은 창문의 개수가 적고, 크기가 작으며 마루가 없거나 좁습니다. 다 문단에 나타난 남부 지방의 집은 창문의 개수가 많고, 크기가 크며 마루가 넓습니다. 라 문단에서 나타난 중부 지방의 집은 북부와 남부의 중간적인 특징이 있습니다.

6 **정답** 기후에 따라 집의 모양이 달라진다

독해 적용 21회 빅데이터의 활용

주제 빅데이터 정보가 생활 곳곳에서 활용되면서 우리의 삶은 더욱 편리해지고 있다.

가 우리는 일상에서 컴퓨터와 스마트폰을 자주 사용합니다. 그러면서 새로운 디지털 정보를 만들어 내기도 하고, 이미 있는 정보를 활용하기도 합니다. 이로 인해 생산된 정보의 양 또한 ◆폭발적으로 증가하고 있습니다. 이처럼 영상이나 문자, 숫자 등 우리가 만들어 내는 많은 양의 데이터를 '빅데이터'라고 합니다. 그렇다면 빅데이터가 실제 생활에서 어떻게 활용되고, 어떤 변화를 가져왔는지 알아봅시다.
빅데이터의 의미 / 중심 낱말
앞으로 설명할 내용
➡ 빅데이터가 가져온 변화

나 먼저 ㉠의료업계에서는 건강을 관리하고 질병을 예방하는 데 빅데이터를 활용합니다. 여러 사람의 혈액 검사를 통해 수집된 빅데이터를 분석하여 암과 같은 질병이 어떤 원인으로 걸리게 되는지를 분석합니다. 이러한 정보를 바탕으로 건강 검진을 받은 사람이 어떤 질병에 걸릴 확률이 높은지를 ◆예측하여 질병을 예방할 수 있도록 합니다. 또한, 맞춤형 건강 서비스를 제공하여 우리가 좀 더 건강한 삶을 살 수 있도록 합니다.
문단의 중심 문장
빅데이터로 분석한 질병의 원인에 대한 정보
➡ 의료업계에서의 빅데이터 활용

다 영화나 드라마와 같이 영상을 만들 때도 빅데이터를 활용합니다. 시청 기록이나 사람들이 좋아하는 배우에 대한 빅데이터를 이용하여 드라마나 영화의 배역을 정하기도 하고, 시청자의 ◆취향을 파악하여 줄거리를 만들어 가기도 합니다. 그러면 시청자들의 더 많은 관심과 호응을 얻을 수 있기 때문입니다.
문단의 중심 문장
➡ 영상 제작에서의 빅데이터 활용

라 온라인 쇼핑몰은 물론이고 오프라인에서도 모바일 결제가 가능해지면서 판매와 소비에서도 빅데이터 활용이 늘고 있습니다. 판매자는 빅데이터로 계절, 시간, 지역에 따라 소비자의 구매 성향을 파악할 수 있습니다. 이러한 정보를 바탕으로 판매량을 예상하여 제품을 생산하거나 판매에 활용할 수 있습니다. 반면 소비자는 평소에 구매한 물건들을 바탕으로 한 데이터 분석으로 자신에게 맞는 쇼핑 목록을 추천받을 수 있습니다.
문단의 중심 문장
빅데이트로 분석한 소비자의 구매 성향에 대한 정보
➡ 판매와 소비에서의 빅데이터 활용

마 이처럼 빅데이터 정보가 생활 곳곳에서 활용되면서 우리의 삶은 더욱 편리해지고 있습니다.
글 전체의 중심 문장
➡ 빅데이터에 기반한 서비스와 삶의 질

1 이 글은 빅데이터가 활용되는 분야 세 가지를 의료업계, 영상 제작, 판매와 소비 영역으로 나누어 설명하고 있습니다. 따라서 이 글은 '빅데이터가 어떻게 활용되는지'를 알려주는 글입니다.

2 처음(가), 중간(나, 다, 라), 끝(마)으로 나누어 글을 파악할 때, 결론에 제시된 ①이 중심 내용이라고 할 수 있습니다. ②, ③, ④는 각 문단의 내용을 뒷받침하는 역할을 합니다.

3 제시된 내용은 빅데이터 분석을 통해 소비자가 온라인 쇼핑몰에서 편리하게 쇼핑한다는 내용입니다. 이는 라 문단에서 설명한 판매와 소비에서 빅데이터를 활용한 예에 해당됩니다.

4 다 문단에서 영화와 드라마 업계에서는 빅데이터 분석을 통해 배역을 정한다고 설명하고 있습니다. 따라서 소비자가 직접 배역을 정한다는 내용은 다 문단의 내용과 일치하지 않습니다. 이는 지문의 초록색 부분에서 확인할 수 있습니다.

5 나 문단에서 건강 검진을 받은 후에 수집된 빅데이터를 분석하여 질병에 걸릴 확률을 안내하는 데 활용할 수 있다고 하였습니다. 건강 검진만 받은 상태로는 '질병에 걸릴 확률'을 알 수 없습니다.

독해 적용 **22회**

용돈 받는 날 - 서정홍

117쪽

1 용돈	2 꿰매
3 주머니	

118~120쪽

1 ③	2 ④	3 ②	4 ④
5 ②	6 ②		

작품 해제

- **구성:** 5연 17행
- **제재:** 용돈
- **주제:** 부모님의 소중함과 사랑
- **특징:** 적은 용돈을 주시지만, 어렵게 일하여 버신 돈으로 용돈을 주시는 부모님의 모습에 대한 감사함을 표현함.

월요일이면
일주일 용돈 (중심 낱말)
칠백 원을 받는 날입니다.

어떤 친구들은
일주일 용돈으로
삼천 원 받는다고 하지만
칠백 원도 제게는
더없이 소중합니다. (부모님의 사랑과 감사함을 느낌.)

새까만 *일옷을 입고
열심히 일하고 계실 아버지와
겨울 이불을 꿰매며
팔이 아프다는
(힘들게 일하시는 부모님의 모습)

어머니 ㉠작은 손을 보면 (힘들게 일하시는 어머니의 손이 안쓰러움)
칠백 원이 칠천 원 같습니다. (감사함이 나타난 표현)

용돈 받는 날은
부모님 [㉡]으로
주머니가 가득한 날입니다.
(부모님의 사랑과 감사함을 느낌.)

1 이 시에서 '나'는 어렵게 일하여 번 돈으로 용돈을 주시는 부모님에게 감사함을 느끼고 있습니다.

오답풀이 ① '나'는 용돈으로 칠백 원을 받습니다.
② 친구들에게 놀림 받는 내용은 이 시에 나타나지 않습니다.
④ 용돈이 아닌 부모님의 사랑으로 주머니가 가득하다고 표현하고 있습니다.

2 이 시의 말하는 이는 겨울 이불을 꿰매며 고생하시는 어머니의 손을 안쓰럽게 여겨 '작은 손'이라는 표현하였습니다.

3 힘들게 일하시는 부모님의 모습에 감사함을 느낀다는 내용이므로, 부모님의 소중함이나 사랑과 관련된 낱말이 들어가게 됩니다.

4 이 시는 부모님의 사랑에 감사를 표현하는 내용이므로 뒤에 이어질 내용으로 부모님께 감사 편지를 쓰는 것이 가장 적절합니다.

5 「이제 나는」에서 말하는 이는 아버지의 잘려 나간 왼손을 부끄러워하고 있지 않습니다. 오히려 잘려 나간 손가락만으로도 '나'를 사랑해 주시는 아버지를 생각하며 아픔을 견딜 수 있다고 하였습니다.

6 두 시에서는 모두 부모님에 대한 감사함과 사랑을 표현하고 있습니다.

오답풀이 ① 감각적 표현은 「용돈 받는 날」 3연의 '새까만 일옷'에만 나타나 있습니다.
③ 「이제 나는」에서 아버지가 '나'를 싫어한다는 내용은 나타나지 않습니다.
④ 「용돈 받는 날」에서 '나'는 부모님께 감사하는 마음을 가지고 있습니다.

정치의 의미

주제

정치에는 정치인들이 하는 좁은 의미의 정치와 공동체의 의견 차이를 줄이기 위한 넓은 의미의 정치가 있다.

여러분은 '정치'에 대해 어떻게 생각하나요? 정치는 지루한 것, 어른들이 하는 것, 나와는 거리가 먼 것이라고 생각하는 학생들이 많을 것입니다. 그렇다면 여러분이 생각하는 정치의 모습은 무엇인가요? 많은 사람은 정치를 ②대통령이 나라를 돌보거나 국회의원들이 법을 통과시키는 일 정도로 생각하고 있어요. 하지만 사실 정치는 ⊙(그)보다 더 넓은 의미를 가지고 있답니다. ➡ 일반적으로 생각하는 정치의 의미

중심 낱말

정치에는 좁은 의미의 정치와 넓은 의미의 정치가 있습니다. 국가와 관련된 일을 하거나 대통령, 국회의원 같은 정치인들이 하는 일은 좁은 의미의 정치에 속합니다. 많은 사람들이 일반적으로 생각하는 정치가 바로 좁은 의미의 정치에 해당합니다. ①대통령 선거나 지방 선거도 좁은 의미의 정치라고 할 수 있지요. ➡ 좁은 의미의 정치

문단의 중심 낱말 / 좁은 의미의 정치 예시

넓은 의미의 정치는 가정, 학교, 지역 사회와 같은 공동체 속에서 사람들의 생각이나 의견의 차이에서 생기는 다양한 갈등을 줄이고 가장 좋은 해결 방안을 찾아 실천하는 것이에요. 넓은 의미의 정치는 가정, 학교, 친구들 사이에서도 이루어질 수 있답니다. 가족 여행 계획을 세우기 위한 가족회의, ③학급 반장 선거나 학급 규칙을 정하기 위한 ④학급 회의, 심지어 학교 수업이 끝난 후 간식으로 무엇을 사 먹을지 친구들과 의논하는 것까지도 넓은 의미의 정치라고 할 수 있어요. ➡ 넓은 의미의 정치

문단의 중심 낱말 / 넓은 의미의 정치 예시

이와 같이 정치는 사람들이 함께 살아가기 위해 꼭 필요한 것입니다. 따라서 정치는 대통령이나 국회의원 같은 정치인들이 하는 것이고 나와는 관계없으니 무관심해도 된다는 생각을 해서는 안 되겠지요. 생활 속의 정치를 잘 이해하고 꾸준히 관심을 가져야 여러 가지 사회 문제와 갈등이 잘 해결되는 행복한 세상을 만들 수 있습니다. ➡ 정치를 대할 때 필요한 자세

좁은 의미의 정치 / 넓은 의미의 정치

▲ 좁은 정치의 의미

학급회의
▲ 넓은 정치의 의미

1 이 글은 정치의 의미를 좁은 의미의 정치(국가와 관련된 일, 대통령이나 국회의원 같은 정치인들이 하는 일)와 넓은 의미의 정치(공동체 속에서 사람들의 생각이나 의견 차이에서 생기는 갈등을 줄이고 해결 방안을 찾아 실천하는 것)로 나누어서 설명하고 있습니다.

2 '그'가 가리키는 것은 앞부분에 나오는 내용인 '대통령이 나라를 돌보거나 국회의원들이 법을 통과시키는 일'을 말합니다.

정답 ▸ 대통령이 나라를 돌보거나 국회의원들이 법을 통과시키는 일

3 지문의 초록색 부분에서 확인할 수 있습니다. 학급 회의는 넓은 의미의 정치에 속합니다.

오답풀이 ▸ ①은 좁은 의미의 정치, ③은 넓은 의미의 정치에 속합니다.
② 정치는 대통령, 국회의원과 같은 정치인들이 하는 일만을 의미하지 않습니다.

4 이 글에서는 많은 사람이 일반적으로 정치를 좁은 의미의 정치로만 생각한다는 문제점을 지적하며, 좁은 의미의 정치뿐만 아니라 넓은 의미의 정치, 즉 생활 속의 정치를 잘 이해하고 관심을 가지기를 주장하고 있습니다. 따라서 생활 속의 정치를 좁은 의미의 정치로 이해한 '준희'의 반응은 적절하지 않습니다.

5 ㄱ은 가족회의를 하는 모습으로 넓은 의미의 정치에 해당합니다.
ㄴ은 국회의원들이 회의하는 모습으로 좁은 의미의 정치에 해당합니다.
ㄷ은 아파트에서 주민 회의를 하는 모습으로 넓은 의미의 정치에 해당합니다.

6 정답 ▸ (1) 좁은 (2) 국가 (3) 넓은 (4) 공동체 (5) 갈등

요리할 때 과학 지식을 떠올려 봐!

1 이 글에서는 기화의 원리를 알면 더 맛있는 튀김을 만들고, 응고의 원리를 알면 더 맛있는 달걀찜 요리를 만들 수 있다고 설명하고 있습니다.

2 두 번째 문단에서 물은 100℃에서 기화하여 수증기로 변한다고 하였으므로 '혜영'이가 바르게 말한 것입니다.
　오답풀이 ② 기름의 온도는 160~180℃로 100℃인 물의 기화 온도보다 높습니다.
③ 가스레인지에서 요리할 때 달걀이 금세 응고가 된다는 것으로 보아 가스레인지 불은 60℃보다 높다고 볼 수 있습니다.
④ '응고'란 달걀을 고체 상태로 만드는 것입니다.

3 세 번째 문단에서 달걀은 60℃부터 응고가 시작된다고 하였습니다. 그러나 물의 응고 시작온도는 이 글에 설명하고 있지 않습니다.
　오답풀이 ②, ③, ④는 지문의 초록색 부분에서 확인할 수 있습니다.

4 '기화'란 액체가 기체로 변한다는 의미입니다. 기름에 재료를 넣으면 튀김옷에 섞인 물이 기화된다는 내용으로 미루어 '밖으로 빠져나간다'는 '기화'를 의미합니다.

5 ㉤은 '생각하고 헤아려 보다.'라는 의미입니다. '관심을 가지고 보살피다.'라는 의미를 지닌 '돌보다'로 바꾸어 사용할 수 없습니다.
　오답풀이 ② 따지다: 어떤 것을 기준으로 순위, 수량을 헤아림.
③ 생각하다: 어떤 일을 헤아리고 판단함.
④ 계산하다: 어떤 일을 예상하거나 고려함.

6 ㉮에서는 '기화'의 원리가 요리에 활용되는 사례를 설명하고 있습니다. ㉮의 마지막 문장이 중심 문장이며, 나머지 문장들은 뒷받침 문장입니다.

독해 적용 25회

작은 아씨들 _ 루이자 메이 올컷

앞 줄거리 메그와 함께 연극을 보러 가는 조가 에이미를 끼워주지 않자, 화가 난 에이미는 ⓐ조가 가장 아끼던 원고를 불태워 버렸다. 화가 잔뜩 치민 조는 뒤늦게 잘못을 인정하고 사과하는 에이미를 절대 용서하지 않겠다며 차갑게 대했다. 며칠 뒤, ①조가 우울한 기분을 달래기 위해 로리와 스케이트를 타러 호수에 가자 에이미가 따라나섰다. 조는 여전히 에이미에게 쌀쌀맞게 굴고, 에이미는 얼음을 얇게 언 강 한복판으로 나아갔다.

바로 그 순간, 얼음이 ㉠와장창 소리를 내며 깨졌다.

"조 언니, 구해 줘!"

물에 빠진 에이미가 허우적거리며 소리쳤다.

"살려 줘, 언니!"

조는 너무 놀라 ㉡꼼짝도 할 수 없었다. ➡ 에이미가 호수 한가운데에 빠짐.

"울타리 가로대를 뜯어 와. 어서!"

로리가 다급하게 소리치자 그제야 정신을 차린 조가 가로대를 뜯어 왔다. 로리와 조는 가로대로 에이미를 간신히 끌어냈다. 두 사람은 ㉢덜덜 떠는 에이미를 데리고 서둘러 집으로 돌아왔다. ➡ 조는 로리의 도움으로 물에 빠진 에이미를 간신히 구함.

마치 부인은 따뜻한 물수건으로 에이미의 몸을 닦아 침대 위에 눕혔다. 그리고 ②가로대를 뜯어내다가 상처를 입은 조의 손에 약을 바르고 붕대를 감아주었다.

"다 저 때문에 일어난 일이에요(에이미가 호수에 빠진 일). 언니가 돼서 동생을 감싸주지 못했어요(동생의 사과를 받아주지). 엄마, 저는 왜 이렇게 화를 참지 못하는 걸까요? 전 어쩌면 좋죠?"

④조는 눈물을 흘리며 괴로워했다.

마치 부인은 딸의 등을 부드럽게 쓸어 주며 말했다.

"네가 날 닮아서 그렇구나. 엄마도 전에는 화를 잘 냈었지. 하지만 이제는 감정을 조절할 수 있단다. 너도 노력하면 될 거야."

조는 에이미에게 속삭였다.

ⓑ"에이미, 그동안 쌀쌀맞게 대해서 정말 미안해."

그 말에 에이미가 살며시 눈을 뜨고는 두 팔을 벌렸다(조의 사과를 받아주는 행동). 조는 사랑하는 동생을 ㉣꼭 안아주었다. ➡ 조가 후회를 하고 에이미와 조는 서로 화해함.

129쪽

1 한복판 2 가로대
3 감정

130~132쪽

1 ③ 2 ③ 3 ① 4 해설 참조
5 ① 6 ㄱ → ㅁ → ㄹ → ㄴ

줄거리 에이미의 잘못으로 화가 난 조가 에이미의 사과를 받아주지 않다가, 얼음이 언 강가에 빠진 에이미를 구한 후 눈물을 흘리며 사과하고 화해한다.

1 이 이야기에는 자신을 끼워주지 않고 연극을 보러 간 조에게 화가 난 '에이미'와 자신이 가장 아끼는 원고를 불태운 에이미를 용서하지 않은 '조' 사이의 갈등 상황이 나타나 있습니다.

2 호수 한가운데 빠진 에이미를 간신히 구출한 조는 에이미에게 그동안 자신이 쌀쌀맞게 행동했던 것을 사과하고 에이미와 화해하였습니다.

오답풀이 지문의 초록색 부분에서 확인할 수 있습니다.

① 조는 스케이트를 타면서 우울한 기분을 달래려고 로리와 함께 호수로 갔습니다.

③ 에이미를 구하기 위해 가로대를 뜯다 손에 상처를 입은 사람은 로리가 아니라 조입니다.

④ 조가 화를 참지 못하는 자신의 모습에 괴로워하며 눈물을 흘리자 마치 부인은 조의 등을 쓸어주며 노력을 하면 감정을 조절할 수 있다고 말하였습니다.

3 ①은 한꺼번에 무너지거나 깨지는 '소리', ②는 몸을 둔하고 느리게 조금 움직이는 '모양', ③은 춥거나 무서워서 몸이 크게 떨리는 '모양', ④는 힘주어 누르거나 조이거나 잡는 '모양'입니다.

4 에이미를 용서하지 않았던 조가 에이미에게 쌀쌀맞게 대한 것을 후회하며 사과하고 있으므로 에이미는 조가 가장 아끼던 원고를 불태웠던 행동에 대해 미안한 마음을 가질 것입니다.

예시답안 "조 언니, 언니가 아끼던 원고를 불태워서 정말 미안했어.", "조 언니, 앞으로 언니가 아끼는 물건을 함부로 하지 않을게."

5 에이미에 대해 조는 자신이 가장 아끼는 원고를 불태운 것에 '화'가 났다가, 호수로 따라온 에이미가 호수에 빠지자 무척 '놀랐습니다'. 마지막 부분에서는 그동안 자신이 에이미에게 쌀쌀맞게 대한 것에 대해 '미안함'을 느낍니다.

133쪽

1 향상 2 영향
3 중독

134~136쪽

1 ③ 2 ㉡ 3 ② 4 ① 5 ③
6 (1) 문제 (2) 전자파 (3) 시간 (4) 중독 (5) 사용

주제 스마트폰의 지나친 사용은 일상생활에 좋지 않은 영향을 미치므로 현명하게 스마트폰을 사용해야 한다.

ⓐ최근 지하철이나 카페, 길거리에서 스마트폰을 사용하고 있는 사람들을 쉽게 찾아볼 수 있습니다. ⓑ스마트폰의 기능이 향상되면서 점차 더 많은 사람이 스마트폰을 사용하고 있기 때문입니다. 하지만 스마트폰의 지나친 사용은 문제가 있습니다. 스마트폰의 사용을 줄여야 하는 까닭은 다음과 같습니다.
중심 낱말 / 원인 / 결과
➡ 스마트폰의 지나친 사용을 줄여야 함.

첫째, 스마트폰에서 발생하는 전자파는 인체에 해롭습니다. 스마트폰 사용자 472명을 대상으로 '휴대 전화 전자파가 인체에 미치는 영향'을 조사한 안윤옥, 강대희 교수팀의 연구 결과에 따르면, ㉠하루 평균 71분 이상 스마트폰을 사용하는 사람은 14분 미만 사용하는 사람에 비해 머리가 아픈 증상은 1.2배, 속이 울렁거리는 증상은 2.2배 정도를 더 느낀다고 합니다.
문단의 중심 문장 / 사실 – 연구 결과
➡ 까닭 ① 스마트폰에서 발생하는 전자파는 인체에 해로움.

둘째, 스마트폰에 시간을 뺏겨 친구와 함께하는 시간이 사라집니다. 우리는 친구와 어울리며 즐거움을 얻고, 친구를 배려하는 마음을 배울 수 있습니다. 하지만 친구들과 동네에 모여 놀던 과거와는 달리, 요즘 학생들은 스마트폰으로 혼자 동영상을 보거나 게임을 즐기는 경우가 많습니다. 이렇게 홀로 스마트폰에 열중하는 시간이 늘어나면서 학생들은 집 밖에서 친구와 어울리는 시간뿐만 아니라 친구를 배려하고 즐거움을 나눌 기회마저 뺏기게 되었습니다.
문단의 중심 문장
➡ 까닭 ② 친구와 함께 하는 시간이 사라짐.

셋째, ⓒ스마트폰 사용에 중독이 되면 일상생활이 흐트러집니다. 특히, 잠들기 직전까지 스마트폰을 사용하게 되면 수면에 영향을 받게 됩니다. 스마트폰 화면에서 나오는 빛이 잠자리에 드는 것을 방해하기 때문에 쉽게 잠자리에 들 수 없기 때문입니다.
문단의 중심 문장 / 원인 / 결과
➡ 까닭 ③ 스마트폰 중독으로 일상생활이 흐트러짐.

앞으로는 지금보다 더 자주, 오랜 시간 스마트폰을 사용하게 될지도 모릅니다. 그러나 ⓓ지나치게 스마트폰을 사용하면, 우리의 건강과 인간관계, 그리고 일상생활에 좋지 못한 영향을 미칠 수 있습니다. ㉡스마트폰을 꼭 사용해야 할 때와 아닌 때를 생각하며 사용 시간을 줄이면 더 현명하게 스마트폰을 사용할 수 있지 않을까요?
원인 / 결과 / 의견
➡ 사용 시간을 줄여서 현명하게 스마트폰을 사용해야 함.

1 네 번째 문단에서 스마트폰 화면에서 나오는 빛이 잠자리에 드는 것을 방해한다고 설명하고 있습니다.

2 글쓴이가 전달하고자 하는 중심 내용이란 글의 '주제'를 말합니다. 스마트폰을 줄이자는 주장(서론) → 줄여야 하는 까닭 세 가지(본론) → 주장을 다시 언급(결론)하는 글의 흐름을 파악했다면 '지나치게 스마트폰을 많이 사용하지 말자.'는 주제를 이끌어 낼 수 있습니다.

3 ㉠은 스마트폰에서 발생하는 전자파가 인체에 미치는 영향에 대한 연구 결과이므로 '사실'입니다. ㉡은 글을 읽는 사람에게 글쓴이의 주장을 질문하듯 나타낸 것으로 '의견'에 해당합니다.

4 원인과 결과의 관계는 시간적으로 원인이 되는 사건이 결과보다 먼저 일어나야 합니다. ⓑ, ⓒ, ⓓ가 이에 해당한다고 할 수 있습니다. ⓐ는 스마트폰을 사용하는 모습을 쉽게 볼 수 있다는 '사실'입니다.

5 글쓴이는 스마트폰을 없애거나 사용하지 말아야 한다는 주장을 하는 것이 아니라, 스마트폰을 지나치게 사용하지 말자고 주장하고 있습니다.
오답풀이 ① 두 번째 문단에서 '휴대폰 전자파가 인체에 미치는 영향'에 대한 연구 결과를 인용하였습니다. 연구 결과를 인용하면 글쓴이의 주장에 믿음이 생깁니다.
② 스마트폰의 지나친 사용으로 인한 문제점에 대해 설명하고 있으므로 스마트폰을 많이 사용하는 사람들이 이 글을 읽으면 도움을 얻을 수 있을 것입니다.
④ 세 번째 문단에서 스마트폰을 지나치게 사용하면 친구와 함께하는 시간이 사라진다고 하였습니다. 따라서 스마트폰 사용 시간을 줄이고 친구들과 소통하겠다는 생각을 이끌어 내는 것은 자연스럽습니다.

영화 속 숨은 주역들

137쪽

1 주역　　2 좌지우지
3 제작

138~140쪽

1 ③　　2 (1) 가 (2) 나, 다, 라 (3) 마　　3 (1) ㄹ (2) ㄴ
(3) ㄷ (4) ㅁ (5) ㄱ　　4 ③　　5 유나　　6 해설 참조

주제 영화를 제작하기 위해 보이지 않는 곳에서 노력하는 숨은 주역들이 있다.

가 대부분의 사람은 '영화'라고 하면 영화 배우나 영화 감독을 떠올리기 마련입니다. 그러나 배우도 감독도 아니지만, 한 편의 영화를 제작하기 위해서는 보이지 않는 곳에서 열심히 노력하는 사람들이 있습니다. 글 전체의 중심 문장 화려한 조명 속 주인공은 아니지만, 영화의 완성도를 위해 오늘도 묵묵히 일하는 숨은 주역들을 알아봅시다. ➡ 영화 속 숨은 주역들의 존재

나 영화 속에서 배우들이 멋진 무술 실력을 뽐내거나, 높은 절벽에서 뛰어내리는 장면을 본 적이 있나요? 이 장면의 숨은 주역은 바로 스턴트맨입니다. 스턴트맨은 주연 배우들을 대신하여 암벽 등반, 다이빙 등의 특수한 기술을 필요로 하는 역할이나 (3) 주연 배우가 하기 어려운 고난도의 연기를 대신하는 역할을 합니다. 스턴트맨은 생명을 ◆담보로 위험한 연기를 하므로 특수 훈련을 받는 경우가 많다고 합니다. ➡ 영화 속 숨은 주역 ① 스턴트맨

다 (2) 조명 감독과 조명 스태프는 장면의 분위기를 만들어 내는 일등 공신입니다. 한 장면을 찍기 위해 조명을 설치하는 데만 3시간 이상이 소요될 만큼 조명 작업은 까다로운 작업 중의 하나입니다. 영화를 촬영하기 위해서는 보통 30명 이상의 조명 스태프들이 필요하며, 조명 감독이 이들을 ◆총괄하고 지휘합니다. 조명에 따라 작품의 분위기가 좌우지되는 만큼, 조명 감독과 조명 스태프들은 촬영 장면에 어울리는 조명을 만들기 위해 끊임없이 노력합니다. ➡ 영화 속 숨은 주역 ② 조명 감독과 조명 스태프

라 (5) 특수 효과 기술자는 더 실감 나는 영상을 제작하기 위해 컴퓨터 그래픽 기술을 이용하여 다양한 배경과 특수 효과를 만들어 내는 사람입니다. ◆실존하지 않는 공룡이나, 실제로 촬영하기 어려운 우주 세계를 영화 속에서 보았다면 그건 바로 특수 효과 기술자들의 노력 덕분입니다. ➡ 영화 속 숨은 주역 ④ 특수 효과 기술자

마 이외에도 (1) 배우들을 역할에 맞게 멋지게 변신시켜 주는 특수 분장사, (4) 영화 속 역할에 어울리는 배우를 섭외하는 캐스팅 디렉터 등 우리가 영화를 볼 때는 쉽게 알아차리지 못하는 숨은 주역들이 너무나도 많습니다. 따라서 한 편의 영화를 감상할 때는 숨은 주역들의 ◆노고를 기억하여 감사하는 마음을 가져야 할 것입니다. ➡ 영화 속 숨은 주역 ③ 특수 분장사와 캐스팅 디렉터

---

1 이 글은 영화 제작을 위해 보이지 않는 곳에서 노력하는 숨은 주역들인 스턴트맨, 조명 감독과 조명 스태프, 특수 효과 기술자, 특수 분장사, 캐스팅 디렉터에 대해 설명하는 글입니다.

2 이 글은 영화 속 숨은 주역들의 존재를 알리는 가 문단(처음)과 대표적인 영화 속 숨은 주역들에 대해 설명한 나, 다, 라 문단(가운데), 그 외의 영화 속 숨은 주역들에 대해 설명하며 글 전체의 내용을 마무리하는 마 문단(끝)으로 나눌 수 있습니다.

3
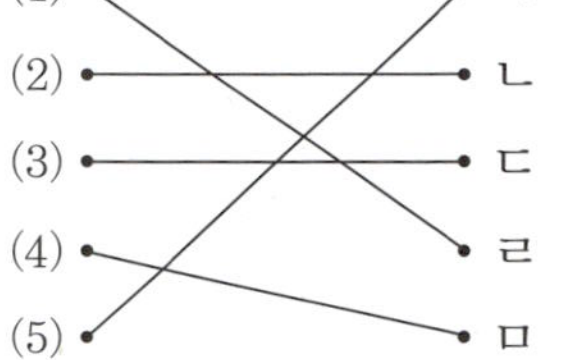

지문의 초록색 부분에서 확인할 수 있습니다.

4 다 문단에서 영화를 촬영하기 위해서는 보통 30명 이상의 조명 스태프들이 필요하다고 하였습니다. 마 문단에서 특수 분장사는 배우들을 역할에 맞게 멋지게 변신시켜 주는 사람이라고 하였습니다.

5 이 글은 영화 배우 이외에 영화의 완성도를 위해 뒤에서 묵묵히 일하는 숨은 주역들에 대해 설명한 글입니다. 영화에서 주연 배우가 가장 중요하다고 생각한 '유나'의 말은 이 글을 읽고 나눌 이야기로 적절하지 않습니다.

6 **정답** (1) 영화 (2) 스턴트맨 (3) 주역

어린이를 위한 법

우리나라에는 어린이보호구역, 식품안전보호구역, 어린이 고용 금지와 같이 어린이들을 위한 다양한 법이 있습니다.

법이 없는 세상, 상상이 가나요? 법은 우리가 더 안전하고 편하게 살 수 있도록 도와줍니다. ① 얼핏 생각해 보면 법은 어른에게만 관계있는 거라고 생각할 수 있으나, 그렇지 않습니다. ④ 우리 주변을 살펴보면 어린이를 위한 법들도 많이 찾을 수 있습니다. 우리나라에는 어린이들을 위한 어떤 법이 있는지 그 예를 확인해 봅시다. → 어린이를 위한 법이 있음.

글 전체의 중심 문장

첫째, 학교 근처는 어린이보호구역으로 정해져 있습니다. 다른 말로는 스쿨존이라고도 ㉠부릅니다. 어린이보호구역이란 우리나라 어린이들이 학교 근처에서 교통사고를 당하는 것을 예방하기 위해 만든 보호구역입니다. ② 어린이보호구역에서는 자동차들이 ◆시속 30킬로미터가 넘지 않게 ◆주행하도록 법으로 제한하고 있습니다. → 어린이를 위한 법 예 ① 어린이보호구역

어린이보호구역을 만든 까닭

둘째, 어린이가 안전하고 건강한 음식을 먹을 수 있도록 관리하는 식품안전보호구역이 있습니다. ③ 이는 학교와 학교 주변 200미터 안의 구역에서 어린이 건강을 해치는 불량식품이나 탄산음료 등을 판매할 수 없다는 의미입니다. 그린푸드존이라고도 불리며, 학교 외에도 어린이들이 많이 다니는 유치원, 학원, 놀이공원 주변도 해당됩니다. 이를 통해 어린이들이 올바른 식생활 습관을 가질 수 있도록 돕고 있습니다. → 어린이를 위한 법 예 ② 식품안전보호구역

식품안전보호구역을 만든 까닭

셋째, 초등학교를 다니는 어린이에게 돈을 주고 일을 하게 하는 것이 금지되어 있습니다. 예술 공연 참가와 같은 특별한 경우를 제외하고는 13세 이하의 어린이는 어떤 일도 할 수 없습니다. 과거에 이러한 법이 없을 때에는 어린이들이 힘든 일을 하느라 고통받는 일이 세계적으로 많았습니다. 왜냐하면 어른보다 저렴한 값으로 어린이를 ◆고용할 수 있기 때문입니다. 1923년, 방정환 선생님이 5월 5일을 '어린이날'로 만든 까닭도 그 당시 우리나라에 어린이 노동 문제가 심각했기 때문이라고 합니다. → 어린이를 위한 법 예 ③ 아동 노동 금지

문단의 중심 문장

아동 노동 금지법을 만든 까닭

평소에는 너무 당연해서 잘 느끼지 못하겠지만, 어린이들이 더 살기 좋은 세상을 만들기 위해 어린이를 위한 법들이 계속 생겨나고 있습니다. → 어린이를 위한 법이 계속 생겨나고 있음.

1 이 글은 우리나라의 어린이를 위한 법에 관해 설명하는 글입니다. '세계적으로 사용되는 어린이를 위한 법의 예'는 이 글에서 설명하지 않았습니다.

2 글쓴이가 전달하고자 하는 중심 내용은 글의 '주제'를 의미합니다. 어린이를 위한 법이 다양하게 있음을 안내하고(처음) → 법의 예시 세 가지(중간) → 현재에도 법이 생겨나고 있다는 상황을 언급하는(끝) 글의 흐름을 파악했다면 '우리나라에는 여러 가지 어린이를 위한 법이 있다.'는 중심 내용을 이끌어 낼 수 있습니다.

3 ㉠은 '이름을 붙여 대상을 확인하다.'라는 의미입니다. ④의 '불러'도 ㉠과 같은 의미로 사용되고 있습니다.

오답풀이 ① '많이 먹어 속이 꽉 차다.'라는 의미입니다.
② '어떤 일의 원인이 되어 결과를 가져오다.'라는 의미입니다.
③ '말이나 행동으로 주의를 끌거나 오라고 하다.'라는 의미입니다.

4 네 번째 문단에서 어린이에게 고통을 주기 때문에 어린이를 고용하는 것은 금지되어 있다고 설명하였습니다. 따라서 어른보다 저렴한 값으로 고용해서 좋은 점은 이 글을 읽고 알아볼 내용으로 적절하지 않습니다.

5 지문의 초록색 부분에서 확인할 수 있듯이 식품안전보호구역으로 인해 학교 주변에서는 어린이 건강을 해치는 식품을 팔 수 없습니다. 학교 앞에서 군것질을 자유롭게 할 수 있다는 '혜진'이의 말은 이 글과 어울리지 않습니다.

6 정답 (1) 스쿨존 (2) 교통사고 (3) 식품안전보호구역 (4) 그린푸드존 (5) 식생활 (6) 13

독해 적용

29회 목소리의 비밀

145쪽

1 녹음　2 어색하게　3 진동

146~148쪽

1 ④　2 ①　3 ①　4 ④　5 (1) ㄱ, ㄷ, ㅁ (2) ㄴ, ㄹ, ㅂ　6 ④

주제 과학적 원리(음파와 진동음)에 따라 목소리 전달 과정에 차이가 있다.

가 녹음된 내 목소리를 들어본 적이 있나요? 자신의 목소리를 녹음기로 녹음하여 들어보면, 평상시 내가 알고 있던 나의 목소리와 다르게 느껴집니다. 그래서 대부분의 사람은 녹음된 자신의 목소리를 매우 어색하게 느낍니다. 그렇다면 왜 이런 현상이 일어나는 걸까요? 여기에는 숨겨진 과학적 원리가 있습니다. ➡ 목소리에 숨겨진 과학적 원리

나 목소리는 폐에서 만들어진 공기가 성대를 울리면서 만들어집니다. 이 과정에서 만들어진 소리는 입 밖으로 빠져나가기도 하고, 머리 위로 퍼져나가기도 합니다. 이 때, ④입 밖으로 빠져나간 소리는 공기를 변화시킵니다. 우리는 이것을 음파라고 합니다. 그리고 이 음파가 고막을 진동시켜 귀에 들리게 됩니다. ①, ③녹음되거나, 다른 사람들이 듣는 나의 목소리는 공기를 통해 밖으로 전달된 내 목소리의 음파만을 듣게 되는 것입니다. ➡ 음파의 원리

다 (㉠) 스스로가 말하는 것을 듣는 경우엔 공기를 통해 전달된 음파뿐만 아니라 진동음이라는 것을 함께 듣게 됩니다. ②진동음이란 몸의 떨림으로 전달되는 소리를 말합니다. 성대를 울리면서 만들어진 소리가 머리 위로 퍼져나가는 과정에서 뼈와 근육이 떨리는데, 이때 생긴 진동을 통해 소리가 귀로 전달됩니다. 즉, 내가 나의 목소리를 직접 들을 때에는 음파와 함께 목소리가 두개골을 울릴 때 나는 진동음도 함께 듣게 되는 것입니다. ➡ 진동음의 원리

라 진동음은 말하는 사람의 몸으로만 전달되기 때문에 녹음도 되지 않고, ㉡상대방에게도 들리지 않습니다. 따라서 말을 하는 사람은 자신의 목소리를 음파와 진동음으로 동시에 듣게 되지만, 녹음하거나 다른 사람들이 듣는 목소리에는 음파만이 전달되는 것입니다. 이와 같이 목소리의 전달 과정에서 차이가 발생하기 때문에 우리는 녹음된 나의 목소리와 내가 듣는 나의 목소리가 다르게 느껴지는 것입니다. (글 전체의 중심 문장) ➡ 과학 원리에 따른 목소리 전달 과정의 차이

1 이 글에서는 음파와 진동음의 개념을 설명하며, 소리의 전달 과정을 중심으로 녹음된 내 목소리와 내가 듣는 나의 목소리가 다르게 들리는 까닭을 설명하고 있습니다.

2 지문의 초록색 부분에서 확인할 수 있습니다. 내가 말을 할 때 입 밖으로 나온 공기는 음파이며, 말한 사람과 듣는 사람 모두의 귀에 전달됩니다.

오답풀이 ② 몸의 떨림으로 전달되는 소리는 진동음입니다.
③ 내가 말을 할 때, 친구에게는 음파만 전달됩니다.
④ 입 밖으로 나와 공기를 변화시키는 것은 음파입니다.

3 ㉠의 앞은 우리가 말을 할 때 상대방이 음파를 탄 소리를 듣는다는 내용이고, 뒤는 음파를 탄 소리만 전달되는 것이 아니라 진동음까지 추가로 발생한다는 내용입니다. 그러므로 두 문장 사이에는 서로 반대의 내용을 이어 주는 연결어인 '그러나' 또는 '하지만'이 들어가야 합니다.

오답풀이 ② 이와 같이: 앞과 뒤에 어떤 상황이나 행동에 다름이 없는 것을 이어 주는 연결어입니다.
③ 그러므로: 앞의 내용이 뒤의 내용의 이유나 근거가 될 때 쓰는 연결어입니다.
④ 뿐만 아니라: 앞의 내용에 대한 추가적인 내용을 이어 주는 연결어입니다.

4 소리를 내는 과정에서 근육이 떨리고, 이때 생기는 진동음은 말하는 사람의 몸으로만 전달되기 때문에 말을 듣는 상대방은 진동음을 들을 수 없습니다. 이는 문장 속 '때문에'라는 연결어에서도 답을 찾을 수 있습니다.

5 녹음된 나의 목소리는 '음파'로 귀에만 전달되지만 내가 듣는 나의 목소리는 귀에 전달되는 소리와 몸에서 전달되는 소리도 있으므로 '음파', '진동음'이 함께 들립니다.

6 라 문단의 중심 내용은 '과학 원리에 따라 목소리의 전달 과정에 차이가 있다.'입니다.

독해 적용 30회

서대문형무소역사관 방문

149쪽

1 고문　2 보존
3 참혹

150~152쪽

1 ③　2 ④　3 ②　4 ③　5 ③
6 (1) 독립운동가 (2) 경성감옥 (3) 서울구치소

주제 서대문형무소역사관은 일제강점기 시절 우리나라 독립 운동가들을 가두고 고문을 했던 서대문형무소를 역사의 교훈으로 삼고자 개관하였다.

가이드 서대문형무소역사관에 오신 여러분들을 환영합니다. 저는 오늘 여러분들에게 서대문형무소에 대하여 소개할 가이드입니다. 혹시 여러분들 중에서 서대문형무소에 대하여 알고 있는 학생이 있나요? (중심 낱말)

제영 *일제강점기 시절 독립 운동가들을 가두어 놓았던 곳이라고 알고 있어요.

가이드 맞습니다. ㉠일본에 빼앗긴 우리나라를 되찾기 위해 우리 조상들은 목숨을 아끼지 않고 독립운동을 했습니다. ㉡우리나라는 1945년에 독립을 하였습니다. ③㉢일본은 이러한 독립운동가들을 서대문형무소에 가두고 끔찍한 고문을 했습니다. ④㉣당시 서대문형무소에 잡혀 온 독립운동가들만 해도 3,000명이 넘었다고 합니다. → 독립운동가들을 가두고 고문을 했던 서대문형무소

우성 서대문형무소가 원래는 다른 이름이 있었다고 들었어요. 자세히 알려주세요.

가이드 서대문형무소는 1908년 10월 21일 일본에 의해 ①'경성감옥'이라는 이름으로 지어졌습니다. 1912년 9월 3일에 서대문감옥으로 변경되었으며, 그 이후 서대문형무소, 서울형무소, 서울교도소, 서울구치소로 이름을 바꾸었습니다. → 서대문형무소의 바뀐 이름들

동원 어? 그런데요. 제가 사는 곳에 서울구치소가 있어요.

가이드 맞습니다. 서울이 커지면서 시내 중심에 있는 ②서울구치소는 1987년 경기도 의왕시로 *이전하였습니다. 이에 따라 이곳을 역사의 교훈으로 삼고자, 일부 건물을 보존하여 현재의 서대문형무소역사관을 *개관한 것입니다. 따라서 지금 여러분들처럼 이곳을 체험할 수 있지요. → 서대문형무소역사관 개관

은우 이곳에는 어떤 시설들이 있는지 궁금해요.

가이드 이곳에는 전시관, 중앙사, 12옥사, 11옥사, 순국선열추모비, 사형장 등 그 당시 참혹함을 알려주는 시설들이 있습니다. 순서대로 둘러보며 그 당시 아픔을 함께 느껴볼까요? → 서대문형무소역사관의 보존된 시설들

1 이 글에서는 서대문형무소역사관의 관람 시간에 대해서 설명하고 있지 않습니다.

2 가이드에 말에 따르면 서대문형무소는 경성감옥으로 시작하여 서대문감옥, 서대문형무소, 서울형무소, 서울고도소, 서울구치소로 이름이 변경되었습니다.

3 서대문형무소에 잡혀온 독립운동가들이 끔찍한 고문을 당하였다는 이야기를 하는 글의 내용으로 볼 때, 우리나라가 1945년에 독립을 했다는 내용은 글의 흐름과 관련이 없습니다.

4 지문의 초록색 부분에서 확인할 수 있습니다. 서대문형무소에 잡혀 온 독립운동가들은 끔찍한 고문을 당하였습니다.

오답풀이 ① 서대문형무소의 처음 이름은 '경성감옥'입니다.
② 서울구치소가 1987년 경기도 의왕시로 이전하였습니다.
④ 서대문형무소에 잡혀 온 독립운동가들은 3,000명이 넘었습니다.

5 이 글은 일제강점기 시절 독립운동가들이 갇혔던 서대문형무소에 관한 글입니다. 당시 갇혔던 사람들은 독립운동가들로서 우리나라를 되찾기 위해 목숨을 아끼지 않았던 분들입니다. 따라서 서대문형무소에 갇힌 사람들이 얼마나 잘못된 일을 저질렀는지 알아보고 싶다는 '혜원'이의 말은 적절하지 않습니다.

지학사 초등 국어

자신감 시리즈

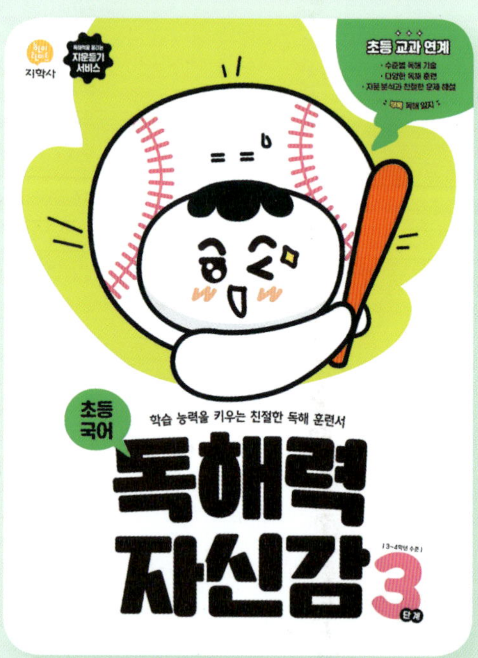

어휘력 자신감

하루 15분 즐거운 공부 습관

- 속담, 관용어, 한자 성어, 교과 어휘, 한자 어휘가 담긴 재미있는 글을 통한 어휘·어법 공부

- 국어, 사회, 과학 교과서 속 개념 용어를 통한 초등 교과 연계

- 맞춤법, 띄어쓰기, 발음 등 기초 어법 학습 완벽 수록!

독해력 자신감

긴 글은 빠르게! 어려운 글은 쉽게!

- 문학, 독서를 아우르는 흥미로운 주제를 통한 재미있는 독해 연습

- 주요 과목과 예체능 과목의 교과 지식을 통한 전 과목 학습

- 빠르고 쉽게 글을 읽을 수 있는 6개 독해 기술을 통한 독해 비법 전수